자연언어학회 학술총서 8

최소주의에서의 부사 인허조건
Adverb Licensing Conditions in Minimalist Program

최소주의에서의
부사 인허조건

Adverb Licensing Conditions
in Minimalist Program

최숙희 · 박연미 · 서수현

도서출판 ▌동인

● **책을 내면서**

　이 책에서는 최소주의를 받아들이면서 부사의 구조통합과 부사인허를 지
배하는 요소들을 조사해 보고자 한다. 기존의 연구에서 부사논쟁의 가장 핵
심은 부사의 통사적 특성이 의미를 결정하는가 아니면 반대로 의미가 통사적
구조를 결정하는가를 정하는 것이다. 통사적 특성이 의미를 결정한다고 보는
입장은 지정어분석을 지지하고, 의미적 특성이 통사구조를 결정한다고 보는
입장은 부가분석을 지지한다. 부사의 지정어분석에서는, 부사의 특성들이 통
사적으로 절 구조와 관련하여 정의된다. 부사는 지정된 기능투사범주의 유일
한 지정어로 절 구조에 통합되고, 기능투사범주의 핵과 명백한 의미관계를
맺는다. 반면 부가분석에서는, 부사의 위치와 선형순서가 의미 작용역 원리
에서 나온다. 부사는 작용역을 취하는 통사체의 의미유형을 명시적으로 나타
내며 작용역 요건이 충족될 수 있는 곳 어디에서나 부가어로 구조에 통합된
다. 각 입장의 예견들이 경험적 증거들을 기초로 평가되며 결과적으로 지정
어분석을 선호하게 된다.
　1장에서는 지배결속이론/원리와 매개변항이론에서 부사의 기저위치도
없고 인허조건도 없다는 가정 하에 부사에 관한 다양한 제안들을 살펴본다.
부가어에 대한 특정한 인허조건으로 Sportiche(1988)와 Zubizarreta(1982)
의 수식방식, Roberts(1987)의 술어관계방식, 그리고 Travis(1988)의 핵자

질 인허방식 같은 인허조건들을 다루었다. 부사인허 기제가 어떻게 그런 부가를 적절하게 제한하는지, 또 얼마나 정확하게 부사의 위치를 설명하는지를 검토한다.

2장에서는 최소주의와 비대칭선형구조에 따라 기존의 대표적 이론들을 자세히 다룬다. 통사구조를 중시하면 지정어분석을 택한다. 그러나 모든 부사가 처음부터 지정어에서 기저생성된 것은 아니다. 비중은 작지만, 분명히 기저위치에서 생성된 부사가 있는 것이 사실이다. 대표적인 통사적 분석에는 Cinque(1999)와 Alexiadou(1997)가 있다. Cinque(1999)는 모든 것을 지정어이동으로 보는 단일한 방법을 택하는 반면에 Alexiadou(1997)는 지정어포합과 지정어이동이라는 이원적 방법을 쓴다. 모든 분석 중에서 지정어분석이 제일 낫다고 보는 이유는 그것이 더 제한적인 모델이며, 부사는 무엇인가라는 개념을 명쾌하게 만들어 주기 때문이다. 그에 의하면 부사는 두 종류가 있고 그에 따라 인허조건도 둘이다. 그리고 이러한 두 조건은 상호보완의 관계이다. 요약하면, 부가위치에서 기저생성된 부사는 이동이 필요 없기 때문에, 제자리에서 고정지정어에 병합되어 인허조건을 만족시키고, 기저생성이 아닌 부사는 지정어로 이동하여 지정어-핵 일치를 만족시킨다.

반면에 의미중심 부가분석을 지지하는 연구자들은 Frey & Pittner (1999), Haider(2004), Ernest(2004)가 있다. 이 경우 공통점은 작용역을 핵심에 두고 부사를 탐구한다는 점이다. 그들은 의미 작용역을 통하여 의미해석을 하고 어순을 제한하고, 어순의 다양성을 설명한다. 그리하여 결국은 좀 더 많아진 문제들에 봉착한다. 따라서 둘 다 불완전하지만, 그래도 구조적 방법이 의미적 방법보다 유리하다. 보완할 문제점으로 다중병합(multiple merge), 양태부사를 위한 고정지정어(designated Specifier), 양태부사와 전치사구의 위치교대 현상이 있고, 이들은 새로운 해결안을 요구한다. 따라서

이에 대한 해결책으로 양태부사의 이동을 인정하기로 한다.

　3장에서는 부사자리와 인허조건들을 동사의 어휘층위(lexical layer) 즉 패각구조(shell structure) 안에서 제안한다. 미리 알아두어야 할 두 가지 중요한 점을 언급하면 다음과 같다. 첫째는, 절의 어휘층위는 전통적으로 동사의 의미역 영역과 동일하게 다루어졌는데 여기서는 어휘층위가 기능범주에 의해서 분리된다고 본다. 어휘층위의 가장 하위영역은 VP-shell로 어휘동사와 내재논항을 포함하는 의미영역이다. 그리고 이 VP-shell은 목적어와 관련이 있는 기능범주들의 관할을 받는다. 기능범주로는 직접목적어 일치를 위한 AgroP, 간접목적어 일치를 위한 AgrioP, 상(telicity)을 위한 TelP가 있고, 이러한 기능범주들의 핵과 지정어자리는 외현적 이동을 위한 자리들이다. 어휘층위는 동사의 외재논항을 포함하는 vP-shell과 분리된다. 이렇게 동사의 의미역영역을 동사의 내재논항 영역과 외재논항 영역으로 나누면 외현적 목적어이동, 격점검, 어순변화(예, 간접목적어이동)를 체계적으로 설명할 수 있을 뿐 아니라, 부사를 어휘층위 안에서 기능범주로 설명할 수 있는 길을 제시할 수 있다. 둘째는, 어휘층위에 있는 부사들이 지정된 기능범주의 지정어자리로 병합된다. vP안에 있는 부사들과 어휘동사와 내재논항의 어순들이 소수의 통사적 운용에 의해서 설명될 수 있음을 보여줄 것이다. 이러한 요소들의 자리를 결정하는 운용으로는 동사와 내재논항의 외현적 이동, VP안에 있는 어휘요소들의 선행사결속, 부사와 동사의 포함(incorporation), 통사적으로 복잡한 구조인 동사핵과 동사를 따로 쪼개어 분리하는 핵분리(ex-corporation)이다. 부사가 동사와 포함하는 것과 동사가 핵분리를 하는 것은 완수부사(completion adverbs)일 때에만 적용된다. 여기서 주장하는 제안들은 능동태동사와 수동태동사가 각각 다른 내부구조를 가지고, 궁극적으로 어휘층위의 핵인 동사의 이동도 다른 특성을 보인다는 가정에 기초한다.

완수부사는 구조적으로 V의 보충어인데, 초점화가 이루어지는지 아닌지에 따라 어휘동사 뒤에 올 수도 있고 동사 앞에 올 수도 있다. 완수부사가 동사보다 선행하는 어순은 부사가 동사로 포합하여 생긴 결과이다. 수동태에서 완수부사가 동사보다 후행하는 어순은 포합이 일어나지 않았기 때문에 생긴 결과물이다. 능동태에서 완수부사가 동사 뒤에 오는 것은 두 경우이다. 완수부사가 동사나 내재논항의 오른쪽 바로 옆에 오는 것이다. 전자의 경우는 부사가 기저자리에 있는 것이고, 후자의 경우는 동사가 핵분리를 했기 때문에 Tel/Agr$_0$에 좌초된 것이다. 이와 같이 완수부사와 동사의 어순이 왜 그렇게 다양한지를 구조적으로 파악할 수 있다. 뿐만 아니라 새로운 이론을 따르면 완수부사와 vP-부사가 함께 나타날 수 있는 조건들도 명료하게 제시할 수 있다. 그러므로 완수부사에 대한 설명은 새로운 제안의 중요한 성과물이다.

이 책의 내용은 그동안 통사론에서 잘 다루지 않았던 부사를 집중적으로 다루고 있다. 특별히 새로운 이론모델을 수용하고, 그 바탕 위에서 기존의 제안들이 여전히 설득력을 유지하는지 검증하고 있다. 이 책의 좋은 점은 다양한 부사현상을 한 자리에서 확인하고, 다른 곳에서 보기 힘든 풍부한 예문이 있다는 점이다. 자연언어학회 연구모임에서 부사의 인허조건에 대하여 토론하고 각각의 문제점을 검토하여 정리한 결과물을 이렇게 책으로 내게 되어 기쁘게 생각한다. 혹시 부족하거나 잘못 이해한 부분이 있다면 추가적 연구와 논문으로 이를 바로잡고, 보충할 기회가 있을 것으로 희망한다. 끝으로 어려운 시기에 이 책의 출판을 맡아 수고해주신 도서출판 동인 이성모 사장님과 유난히 까다로운 작업에 수고를 아끼지 않으신 편집부 직원들에게도 진심으로 감사드린다.

CONTENTS

1장

서 론

이 책에서는 영어에서 구조통합과 부사인허를 지배하는 요소들을 조사한다. 이 연구는 부사 위치와 해석간의 관계를 구조적으로 조사하며 절 구조 내에서 수식어 역할을 하는 부사의 행동을 연구대상으로 삼는다. 경험적 영역으로 그동안 다루어진 부사예문들을 자세히 살펴보며 이들을 다루는 전통적 입장들을 개괄한다.

1.1 부사의 경험적 특징

Ernst(2002)는 지난 30년 동안 출판된 부사에 대한 방대한 양의 분석들을 검토하면서 다음과 같이 결론을 내린다.

부사를 어떻게 해야 할지 아무도 정확히 모르는 것 같다. 형식통사론과 의미론에서 지난 30년의 문헌들이 부사 소절의 분포나 해석에 대해 분석하고 있지만 종합적 이론에 대해서는 거의 시도하지 않았다. 그리고 종합적인 전망을 조사했던 사람들은 거의 모두 그것이 상당히 궁지에 빠뜨리는 것을 느꼈다.

이러한 입장은 기존 이론에서의 전통품사명칭 부사(Adv)에 대한 형식적 기준보다는 부사가 가지는 다양한 경험적 특징들에 주목하는 계기가 되었다. 부사는 전통문법의 8가지 품사 중 하나를 구성한다. 전통문법에서 사용되는 품사들의 목록과 정의는 고전 그리스어를 위해 기원전 100년에 알렉산드리아 문법학자 Dionysios Thrax에 의해서 제공된 서양의 최초문법인 *techné grammatiké*로 거슬러 올라간다. Dionysios에 의하면, 고전 그리스어 어휘는 8가지 품사로 구분된다. 다시 말해서 명사, 동사, 분사, 관사, 대명사, 전치사, 부사 그리고 접속사로, 그들은 형태론적, 의미론적, 그리고 분포적/기능적 기준을 근거로 정의된다. 명사는 사물이나 행동을 표시하는 문장요소의 특징이 있다. 명사는 5가지 우유(accidentia)를 지니는데, 즉, 수, 성, 격, 종류와 형태이다. 동사는 활동이나 고통을 표시하는 격이 없는 문장요소이다. 동사는 8가지 우유를 지니는데, 즉, 서법(mood), 동사의 성(genus verbi), 수, 인칭, 시제, 어형변화, 종류와 형태이다. 분사는 명사와 (법과 인칭을 금하는) 동사의 우연을 공유하는 문장요소이다. 관사는 수, 인칭, 격으로 표시된다. 대명사는 명사를 대체하는 문장요소로, 명사 더하기 인칭의 우연을 지닌다. 전치사는 모든 다른 문장요소를 선행하는 문장요소로 정의된다. 부사는 동사를 수식하거나 동반하는 격변화가 없는 문장요소이며, 간단하거나 복잡할 수도 있고, 의미적으로 정의된 많은 부류, 예를 들면, 장소, 시간, 양태, 수량, 등의 부사로 구분된다. 접속사는 결합적, 이접적, 조건적, 원인적, 등의 관계를 표시하는 구조방식으로 정의된다. 따라서 문제가 되는 기준의 적용성은 품사들에 걸쳐 다양하다. 이와 같이 어휘항목의 관련된 위치나 기능에 속하는 기준들은 전치사와 부사의 정의에서 중요한 부분이다. 형태론적 기준들은 전치사와 접속사의 정의에는 관련이 없으며, 부사에 대하여는 수, 성, 그리고 격이 없을 때만 관련이 있다. 다시 말해서 부사는 격변화를 할 수 없다. 의미론적 기준들은 명사, 동사, 부사 그리고 접속사의 정의에서는 중요하지만, 분사, 관사, 대명사 그리고 전치사의 정의에서는 중요한 부분이 아니다. 분사를 품사체계에서 제거하고 형용사를 품사로 간주하거나(Priestly 1761 참조) 지시사를 관사에서 잘라내고, 감탄사를 도입하는 것과 같은 사소한 변경은 무시하면, 고대 그리스어를 위해 원래 상정된 품사 목록이 "문법에 관한 문헌에서 존속하고, 또 사실상 지배한다"(Emonds 1987b 참조).

영어의 전통문법과 표준적인 참조문법(reference grammar)에서 사용되는 부사의 특성들은, 부사의 수식기능이 다른 영역들로 일반화되었다는 점을 제외하고는, 200년 전의 본래 특성들과 다르지 않다. 즉 부사가 동사술부(또 문장들)를 수식할 뿐만 아니라 형용사, 부사, 전치사, 명사적 표현들도 수식한다는 것이다((3e)-(3h)참조). 게다가, 부사는 선택된 요소인 보충어(4)로 역할을 하기도 한다.

형태론적으로 부사는 두 가지 폭넓은 부류, 즉 어휘부사 (1a)와 파생부사 (1b)로 구분된다. 어휘부사는 종종 형용사(예, *late, hard*), 명사(예, *yesterday, tonight*) 또는 전치사(예, *before, since*)와 형식상 동일한 반면, 파생부사는 형용사에 *-ly* 접미사를 붙여 파생된다.

(1) a. as, before, enough, even, fast, hard, here, home, late,
      little, now, not, often, only, quite, right, since, soon, still,
      tomorrow, tonight, too, very, well, yesterday

b. arbitrari*ly*, agitated*ly*, complete*ly*, deft*ly*, deliberate*ly*,
　　　　frank*ly*, mental*ly*, quick*ly*, random*ly*, remorseful*ly*,
　　　　slight*ly*, surreptitious*ly*, utter*ly*, vociferous*ly*, weari*ly*

　-ly 접미사가 부사의 주요한 형태론적 특성이지만, 그것이 항상 '부사특성'(adverbiality)을 나타내지는 않는다. 왜냐하면 형용사와 부사가 같은 형태를 취할 수도 있고(예, *likely, kindly*) 또 *-ly*로 끝나는 요소들이 항상 부사는 아니기 때문이다(예, *lovely, friendly*).

　어휘부사와 파생부사의 형태론적으로 정의된 부류들이 의미론적으로 분포적으로 정의된 부사의 부류에도 영향을 미치기 때문에, 형태론적 특성들이 연구의 영역을 얼마나 정의할 수 있는지를 조사하기는 어렵다(Delfitto 2000).

　부사는 의미론적으로 정의된 많은 부류로 구분되는데, 전통문법학자들에 의해 확인되는 핵심부류들을 구성하는 양태부사 (2a), 정도부사 (2b), 시간부사 (2c)와 장소부사 (2d)가 있다.

　(2)　a. agitatedly, dexterously, fast, loudly, secretly, slowly, well
　　　b. almost, completely, enough, extremely, slightly, too, very
　　　c. always, now, seldom, since, today, twice, weekly
　　　d. anywhere, here, in, near, nowhere, someplace, there

　의미적으로 정의된 부사의 하위부류는 부사적 기능을 지닌 더 큰 통사단위(예, *in a careful manner, to a certain extent, since 1999, where squirrels meet*)를 기꺼이 받아들인다.

　부사는 많은 구조적 위치를 가정하지만, 모든 부사에 공유되는 단일한 분포특성은 없다. 따라서 (3a)에서 *well*은 (3b)에서 *wisely*, (3c)에서 *long*, (3e)에서 *extremely*, 또는 (3h)에서 *even*을 대신할 수 없다. (3c)에서 *long*은 (3d)에서 *oddly*, (3f)에서 *almost*, (3g)에서 *right*를 대체할 수 없다. (3e)에서 *extremely*가 (3f)에서 *almost*를 대체하지만, (3g)에서 *right*는 다른 부사 위치의 어떤 것도 가정할 수 없다. (3h)에서 *even*은 (3d)에서 *oddly*에 의해 가정되는 위치를 제외하고는 모든 위치를 가정할지도 모른다.

(3) a. The night the girl had disappeared; he remembered it *well*.

　　 b. And that just about sums you up [...], but she *wisely* said nothing.

　　 c. He had *long* been a widower.

　　 d. *Oddly*, Microsoft's initial success owed much to IBM.

　　 e. She acted very bravely and we are *extremely* proud of her.

　　 f. It went like a spider, climbing *almost* perpendicularly.

　　 g. 'Yes [...],' said Evelyn, looking her *right* in the eye.

　　 h. *Even* my husband is useless. (BNC-자료)[1]

(4) a. [She] was more likely to behave *(*unpleasantly*) towards her child.

　　 b. She dressed *(*elegantly*) and had social graces which [he] didn't have.

　　 c. Various members of his family have resided *(*there*) from time to time. (BNC-자료)

이 조사는 부사로 분류되는 모든 요소들에 의해 공유되는 단일특성이 없

---

1) *British National Corpus*에서 사용한 자료에 대해 BNC로 사용함.

다는 것을 나타낸다. 복합기준을 근거로 품사를 정의하는 전통 방식이 구조주의 발생으로 도전을 받았다. 이와 같이, Fries(1952)는 어떤 부류의 정의를 위해 근거로 "어휘적" 의미를 사용할 수 없고, 다른 것들을 위해 "문장에서의 기능"을 사용할 수 없으며, 또 다른 것들을 위해 "형식적 특성들"을 사용할 수 없다고 주장한다. 필요한 것은 일관성 있게 적용될 수 있는 일련의 기준들인 분포적 기준들이다. 다시 말해서, 같은 구조적 위치를 가정하는 모든 요소들이 같은 품사의 요소들이다. 어휘항목의 분포적 특성들을 근거로 품사를 정의하는 총체적인 이점은 "그 부류 내에서 최대한의 동질성에 의해 특성을 나타내는 품사 체계"이다(Gleason 1955 참조). 하지만 동시에 (3)에 있는 분포상 부류들로는 품사의 수가 배가한다. 동일한 분포적 특성들을 나타내는 요소들만이 어떤 품사의 요소들이라는 견해는 생성문법의 핵심이다. 따라서 Newmeyer(2000)는 "[이론 내적변화에도 불구하고] 변함없이 그대로 남아있던 것은 문법 이론의 기본들 중에서 문법과정이 관련되는 한 별개의 범주들은 그 요소들이 동등한 상태를 지닌다"는 생각이라고 지적한다 (Newmeyer 2000 참조).

전통품사들과 "그 품사들의 정의에 대해 심각한 결함이 있다"는 것이 오랫동안 인식되었지만(Emonds 1987 참조), 전통적 품사명칭 부사는 그럼에도 불구하고 폐기처분되지 않고 질기게 살아남아 형식언어학에서도 그 명칭을 사용한다. 부사명칭에 전통적으로 포함되는 요소들은((1)-(3)), 동일한 분포적 특성들을 나타내는 요소들과 함께, 통사적으로 정의되는 한 범주가 된다고 암시된다. Rauh(1996, 1997a, 1997b, 1999, 2000a, 2000b, 2002a, 2002b)가 논의하는 이런 기계적인 일의 불합리는 부사가 "하나의 별개범주가 되는가?"와 같은 당황스런 내용이 깔려 있을 뿐만 아니라 1970년대 초기 이래로 부사를 형용사, 전치사, 명사, 정도요소 그리고/또는 양화사로 재범주화하는 제안들을 선동하고 있었다. 부사를 형용사로 재범주화하기를 지지하는 주장들은 도출 (5a)나 전환 (5b)에 관하여 둘 사이에 일치하는 형태론적 관계에서 나온다. 그것은 부사와 형용사가 같은 범주의 수식어 (7)을 지지한다는 사실에서는 물론, 비교급과 최상급 형성이 예문 (6)에 나온 모든 형성 유형을 관통한다는 사실에서도 나온다.

(5) a. think *quickly*, *quick* thinker
     b. drive *fast*, *fast* driver

(6) • 종합형(synthetic forms):
       'think *quicker*/*quickest*'; '*quicker*/*quickest* thinker'
     • 분석형(analytic forms):
       'think **more**/**most** *quickly*'; 'is **more**/**most** *quick*'
     • 보충형(suppletive forms):
       '*behave* **worse**/**worst**'; 'is **worse**/**worst**'

(7) a. *as* clever(ly), good/well *enough*, *more*/*less* reluctant(ly), *too* quick(ly), *so* fast, *extremely* foolish(ly), *fairly brief* (ly), *quite* bad(ly)
     b. *as* often, seldom *enough*, *more*/*less* early, *too* soon, *so* often, *extremely* often, *fairly* often, *quite* seldom, *very* soon

부사를 (자동사의) 전치사로 재범주화하는 제안들은 형식적으로 또 의미론적으로 전치사와 동일하거나 전치사와 관련된 공간부사와 시간부사가 같은 수식특성과 대체특성을 나타낼 뿐만 아니라((8)-(10)), 전치사의 대응물과 같은 분포적 범위를 나타낸다는((11)-(12)) 것을 이용한다.

(8) a. *Only forty miles* <u>ahead</u> lay the beginnings of the great
        Pennine range.
     b. I want to see that immediate family *right* <u>afterwards</u>.

(9) a. *Only forty miles* <u>ahead of the previous sighting</u> lay the
        beginnings of the great Pennine range, the backbone of
        England.
     b. I want to see that immediate family *right* <u>after dinner</u>.
        (BNC-자료)

(10) a. Stay right *in* (the house).
     b. Stay right *there*. (BNC)
     c. I'll phone them right {after dinner/afterwards}.
     d. I'll phone them right *now*. (BNC)

(11) a. They met *outside* (the garage).
     b. I want to see them *right* {afterwards/after dinner}.

(12) a. *Outside* (the garage) *stood* three cases of Romanian beer.
     b. *Afterwards/after dinner* we grabbed a few bottles and
        headed for my room. ((a) Jackendoff 1973 참조), (b)
        BNC)

전통적인 공간부사의 전치사 신분에 대한 추가적인 증거가 동사의 엄밀
하위범주화(strict subcategorization)에서 나온다.

(13) a. *Irving put the books.

     b. Irving put the books {*inside/in the closet/there*}.

     (Jackendoff 1973 참조)

부사를 명사(또는 명사구)로 재범주화하기는 전통적인 시간부사(예, *yesterday, Sunday*)에 제한될 뿐만 아니라 시간표현(예, *next week*) 공간표현(예, *few places, that direction*) 그리고 양태표현(예, *that way*)으로 확대된다.

(14) a. John arrived *yesterday*.

     b. John arrived *Sunday*.

     c. John will arrive sometime *next week*.

     d. You have lived *few places* that I cared for.

     e. We were headed *that direction*.

     f. You pronounced my name *that way*.

      (e.g. in the prescribed manner) (Larson 1985:596ff)

이 제안에서는 이탤릭체 표현들이 이중적 신분을 가진다는 것을 암시한다. 다시 말해서 그 표현들은 명사적 요소가 뒤에 나오지만 그들은 부사적인 PP 또는 S 분포를 가진다. 이 이중성을 설명하기 위해 Larson(1985, 1987)은 이런 유형의 표현들은 특별자질 [+F]에 의해서 어휘적으로 표시되고, 그 자질이 명사구에 침투하여 그 구성성분이 사격(Oblique Case)을 지닌다는 것을 암시한다고 제안한다(Larson 1985 참조). 반면 Grimshaw & Bresnan (1978)은 핵이 없는 PP내에서 그 표현들을 내포하는 것을 제안한다.

(15)에 있는 요소들은 전통문법이 "양, 정도, 측정의 부사"(Sweet 1891)로 분류하는 요소들의 진부분집합으로, 정도(Deg) 요소와/또는 양화사(Q)로

재범주화되었다.

(15) as, enough, less, more, so, too

Bresnan(1973), Bowers(1975), Abney(1987)와 Corver(1991)에서 나타낸 것처럼, 보통 형용사와 부사의 수식어 역할을 하는 (15)에 있는 요소들은 여러 관점에서 *completely, quite, very*와는 다르다. (15)에 있는 요소들만이 (형용사와 함께) 부정관사를 선행할지도 모른다(16a, b 참조). 또한 (15)에 있는 요소들은 *though 견인(attraction)*을 거부하며(16c, d 참조), 결과절을 인허한다(16e, f 참조).

(16) a. {*as, less, more, so, too*} complicated/happy *enough* an
       arrangement
     b. *{*completely, quite, very*} complicated an arrangement
     c. *{*as, less, more, so, too*} complicated/[?]happy *enough*
       though the arrangement was
     d. {*completely, quite, very*} complicated though the
       arrangement was
     e. Suddenly the man seemed {*more, less,* *very*} attractive
       THAN HE HAD AT HOME. (BNC)
     f. It was all {*too,* *very*} fast FOR HIM TO TAKE IN.
       (BNC)

Bowers(1975), Jackendoff(1977), Abney(1987)와 Corver(1991)가 (15)의 요소들을 획일적으로 정도요소로 분석하는 반면, Bresnan(1973), Corver(1997) 그리고 Haumann(2004)은 한편으로는 *as, so, too*, 다른 한편

으로는 *enough, less, more*를 각각 두 개의 다른 범주인 정도와 양화사로 각각 구분된다고 주장한다. 양화사 구분에 대한 증거는 *as, so, too* 대 *enough, less, more*에 의해서 나타나는 분포적 차이에서 나온다.

(17) a. There had not been {*enough*, *as} EVIDENCE. (BNC)
     b. This meant they could drink {*more*, *so}. (BNC)
     c. There are {*enough*, *too} OF US. (BNC)
     d. Uniforum is still {*more*, *as} A UNIX CELEBRATION. (BNC)
     e. A {*less*, *so} GLOOMY prognosis assumes that there is sufficient matter in the universe... (CC)
     f. He {*more*, *too} OFTEN set new precedents than followed old ones. (www에서)

재범주화 제안들이 (부사를 형용사로 재범주화하는 경우처럼) 특별히 분포적 특성에 기반을 두지 않는다면 완전한 전통품사 '부사'로 확대될 수 없고 완전히 용인되지도 않지만, 그 제안들은 어느 정도는 전통품사 '부사'의 동질화를 허용한다. 하지만, 남아있는 부류는 너무 이질적이어서 하나의 별개범주인 Adv로 합칠 수가 없다.
따라서 (18)-(20)에 있는 구구조규칙들은 Adv로 명칭이 붙은 전체 요소 집합으로 다룰 수 없다(Jackendoff 1972 참조).

(18) VP → ... V -... (NP) - (Adv)
     a. 'No,' Robyn replied {*honestly*, *only, *merely}. (BNC)
     b. Fagin took hold of the Dodger's collar and shook him {*violently*, *frankly, *very}. (BNC)

(19) VP → (have-en) - (be-ing) - (Adv) - V - ...

    a. He had {*merely*, *well, *slightly} been playing with her. (BNC)

    b. Herman says that her sisters have {*deliberately*, *fast, *telepathically} been kept from him. (BNC)

(20) S → Adv - NP - Aux - VP

    a. {*Maybe*, *Merely, *Agitatedly} it was a joke. (BNC)

    b. {*Carefully*, *Foolishly*, *Well} she wiped it clean. (BNC)

Jackendoff(1972)의 독창적인 제안에 뒤이어, 모든 부사가 (18)-(20)에 있는 구구조규칙에 의한 위치에서 똑같이 인정되지 않는다는 사실이 의미론에서 통사론으로의 사상에서 필연적인 결과로 자주 받아들여졌다. 다시 말해서 부사는 어떤 해석규칙이 적용되는지를 명시하는 의미구조에 대하여 어휘적으로 명시된다. 다음에는 해석규칙이 어떤 통사영역에 대하여 명시되는데, 즉 술어운용자 영역인 VP((18)과 (19))와 문장운용자 영역인 S(예문20 참조)에 대하여 명시된다. 이와 같이 (21)에서 *carefully*는 어휘명세서(lexical specification) 때문에 양태부사와 주어중심 부사를 위한 투사규칙들에 의해 민감하게 다루어진다. 그래서 (21)에서 *carefully*는 투사규칙들이 능동, VP, S인 통사영역에서 일어날지도 모르며, 반대로 (22)에서 *luckily*는 화자중심 부사를 위한 투사규칙에 의해서만 다루어질 수 있다. 따라서 그 해석은 전체 위치에 대해 변함없는 것이다.

(21) a. He stirred the soup *carefully*. (양태)

    b. Explosives must be (*carefully*) deactivated *carefully*. (양태)

    c. He *carefully* opened the lid. (주어중심)

    d. *Carefully* they climbed down the stairs. (주어중심)

(22) a. *Luckily* he can take a joke. (BNC)(화자중심)

     b. They *luckily* made it home. (화자중심)

     c. We can *luckily* afford a new car. (화자중심)

     d. He can take a joke, *luckily*. (화자중심)

구구조규칙 (18)-(20)이 의미적으로 정의된 하위부류에 작용되는 것이 간접적으로(즉 투사규칙에 의해서) 제한된다. 동일한 구조적 위치를 가정하는 요소들은 동일한 해석을 받기 때문이다. 이런 사항을 고려하여, 우리는 부사의 다양한 분포적 부류들을 의미적 하위부류 명칭에 의해 언급할 것이다, 즉 발화행위 부사(예, *frankly, honestly*), 평가부사(예, *unfortunately, luckily*), 법조부사(예, *probably, maybe*), 주어중심 부사(예, *cleverly, deftly*), 빈도부사(예, *rarely, often*), 지속부사(예, *long, briefly*), 시간부사(예, *soon, currently*) 그리고 양태부사(예, *vociferously, well*)에 의해 언급할 것이다. 결과로 나온 모습이 구분된 모습이라는 것이다. 즉 전통품사 부사는 하나의 별개범주로 함께 나오지 않고, 분포상 또는 의미상 동질적인 하위부류들의 집합인 "요소들이 문법과정에 관련되는 한 동등한 신분을 지니는 별개의 범주"에 걸쳐 산재되어 있다는 것이다(Newmeyer 2000 참조).

위치부사들 사이에 엄격한 상호관계가 있다는 Jackendoff(1972)의 통찰력이 가정되고 그 부사들이 이런 위치에서 받는 해석들은 부사에 대한 통사적, 의미적 분석에 대한 동기를 제공했다. 우리가 곧 조사하겠지만, 부사의 통사적 특징이 그 의미를 결정하든지 또는 그 역이든지 어느 쪽이 주도적 역할을 하느냐에 따라 부사에 대한 통사적, 의미적 분석들은 정반대이다.

1.2 부사의 통사부와 의미부에서의 핵심문제들

최근 언어이론을 보면, 부가어(예문(23) 참조), 지정어(예문(24) 참조), 보충어(예문(25) 참조), 핵(예문(26) 참조)으로 부사를 분석하는 입장들이 다양하게 쏟아지고 있다. 따라서 절 구조에서 부사의 위치는 어디인지, 또 부사들이 각각의 위치에서 어떤 인허조건을 만족하는지에 명확한 논의가 아직 없다.

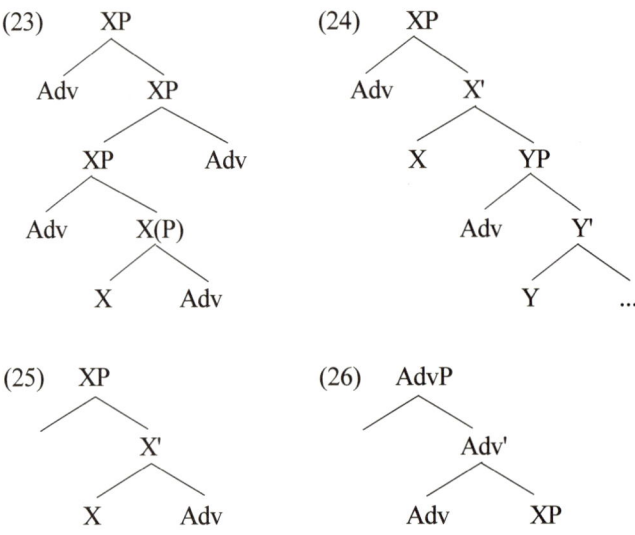

부사적 기능을 지닌 요소들의 배치(예문(29) 참조)와는 대조적으로 부사 배치가 상대적으로 자유롭다(예문(28) 참조)는 문제는 물론 부사의 어순배치 (ordering)제약의 도출과 어순의 상대적인 순서(예문(27) 참조)는 부사에 관한 통사론에서 한층 더 기본적으로 다루어진다.

(27) a. He *carefully* has been answering my questions *honestly*.

b. **Carefully*, he *honestly* has been answering my questions.

c. **Honestly*, he *carefully* has been answering my questions.

d. *Honestly*, he has been *carefully* answering my questions.

(28) a. Frequently he (*frequently*) has (*frequently*) been (*frequently*) calling her (*frequently*).

b. *Cleverly*, she (*cleverly*) has (*cleverly*) been (*cleverly*) answering their questions (*cleverly*).

c. *Obviously*, he (*obviously*) should (*obviously*) have (**obviously*) been (**obviously*) arrested (*obviously*).

d. *Surgically*, his nose (**surgically*) could (**surgically*) have (**surgically*) been (*surgically*) removed (*surgically*).

(29) a. *Five times a day* he (**five times a day*) has (**five times a day*) been (**five times a day*) calling her (*five times a day*).

b. *With unparalleled cleverness*, she (**with unparalleled cleverness*) has (**with unparalleled cleverness*) been (**with unparalleled cleverness*) answering their questions (*with unparalleled cleverness*).

c. *Without a doubt*, he (**without a doubt*) should (**without a doubt*) have (**without a doubt*) been (**without a doubt*) arrested (*without a doubt*).

d. *By means of surgery*, his nose (**by means of surgery*) could (**by means of surgery*) have (**by means of surgery*) been (**by means of surgery*) removed (*by means of surgery*).

부사해석에 관한 문제들은 구성요소들(compositionality) 문제에 집중한다. 즉 부사해석이 부사분포에 따라 같이 달라지는지 또는 상당한 양의 (우연한) 동음이 있는지(예문(30) 대 (31) 참조), 부사에 대한 적절한 의미형태의 확인 (예, 문장 운용자 대 술어 운용자, 또는 명제관련부사, 사건관련 그리고 과정관련 부사들) 그리고 의미 작용역 면에서 어순배치 제약의 도출은 물론 부사배치를 위해 절을 상응하는 의미영역으로 분할하는 것 등의 문제에 집중한다.

(30)　a. *Seriously*, that's all I can tell. (발화내 부사)

　　　b. He may have *seriously* considered their offer. (주어관련 부사)

　　　c. He damaged her reputation *seriously*. (완전정도 부사)

　　　d. I've had enough of this nonsense, *seriously*! (발화내 부사)

(31)　a. *Luckily* he can take a joke. (BNC) (평가부사)

　　　b. They *luckily* made it home. (평가부사)

　　　c. We can *luckily* afford a new car. (평가부사)

　　　d. He can take a joke, *luckily*. (평가부사)

부사의 통사론과 의미론은 부사의 통사적 특성이 의미를 결정하는지 또는 그 역이 성립하는지가 분명하지 않는 한 통사론-의미론에서 닭이 먼저냐 달걀이 먼저냐의 문제를 제기한다. 따라서 다음 문제들이 핵심이다. 다시 말해서, 부사의 분포와 인허가 통사적 원리나 의미적 원리를 따르는가? 부사간의 어순배치 제약은 통사적 특성이나 의미적 특성에 의해서 좌우되는가? 부사의 통사적 유형과 의미적 유형사이에 어떤 유사성이 있는가? 그리고 의미적으로 분류한 부사가 어떤 통사적 위치에 오는지 또는 통사위치를 보고 그 부사의 의미를 결정하는 것 사이에 어떤 것이 더 나은 것인가?

지난 2-3년간에 통사론과 의미론간의 상호작용에 관한 두 가지 견해가 두 가지 다른 분석유형과 관련되었다. 즉, 통사적 특성이 의미를 결정하는 입장은 기능적 지정어분석(functional specifier analysis)과 밀접하게 되었고 (Cinque 1999, 2004; Alexiadou 1997; Laenzlinger 1998), 의미적 특성이 통사를 결정한다는 입장은 다소 복잡한 부가분석(adjunction analysis)에 밀접하게 결부되게 되었다(Haider 2004; Frey & Pittner 1999; Ernst 2004a, b).

부사의 지정어분석 하에서는, 부사의 의미부류, 부사의 기본 선형순서, 그리고 부사의 작용역 특성들이 통사적으로 절 구조와 관련하여 정의된다. 부사는 지정된 기능투사범주의 유일한 지정어로 절 구조에 통합되고, 기능투사범주의 핵과 명백한 의미관계를 맺는다. 계층구조는 "항상 완전히 선형순서를 결정하기" 때문에(Kayne 1994 참조) 그리고 부사는 기능투사범주 계층 내에서 지정어 위치를 차지하기 때문에, 부사들의 작용역 특성은 물론 그들의 상대적 위치와 선형순서는 상호보완적이다. 부사의 기본 순서에서 벗어나는 것은, 예를 들면 다중위치와 교대하거나 역 순서는, 우연히 동음이지만 다른 두 개의 부사들 중에서 선택이거나, 또는 하위부사를 어떤 상위부사를 건너 이동시키는 통사적 운용에서 생겨난다.

반대로, 지정어 분석에 대한 반작용으로 시작된 최근의 부가분석 하에서는, 부사의 상대적 위치와 상대적 선형순서는 전혀 작용하지 않는 통사적 특성과의 의미적 작용역 원리에서 나온다. 부사들은 그들이 작용역을 취하는 통사체의 의미유형을 명시적으로 나타내며 그들의 작용역 요건이 충족될 수 있는 곳 어디에서나 부가어로 구조에 통합된다. 부사배치가 정연한 기능투사범주와 지정된 구조적위치를 조건으로 하지 않고 전적으로 의미유형을 명시적으로 나타내기에서 나오기 때문에, 다중부사위치들이나 부사의 교대순서나 역순 모두 (좌측 부사이동 경우를 제외하고는) 통사적 인상운용을 요구하지 않는다.

통사적 특성이 의미를 결정하는지 그 역이 성립하는지 하는 문제(그리고 지정어분석이 지지되는지 또는 의미적 작용역에 기반을 둔 부가분석이 지지되는지 하는 문제)는 계속되는 논쟁거리이고 그 문제는 계속 우리에게 도전하게 한다.

이 책은 다음과 같이 구성되어있다. 2장은 부사들의 구조통합과 인허에 관한 주요 제안들을 검토하고 기능적 지정어분석 지지자들과 부가에 기반을 둔 의미적 작용역이론 지지자들 사이에 계속되는 논쟁을 소개한다. 기능적 지정어분석 지지자들과 의미적 작용역 이론가들에 의한 예견들이 경험적 발견들을 기초로 평가될 것이며 기능적 지정어분석을 선호하게 될 것이다.

3장에서는 부사의 절 구조와 절 구조 (상호)형성과 관련하여 부사의 광범위한 통사범주에 대한 통사적 특성을 상세히 분석한다. 부사인허가 통사적인 부사와 절의 핵 사이에 엄격한 1대1 관계를 조건으로 한다는 주장을 지지하여 폭넓은 경험적 증거와 이론적 증거를 제시한다. 절의 부사와 다른 요소들의 선형순서에서의 변화는 몇몇 요인들의 상호작용에서 나온다는 것을 보일 것이다. 3장은 절의 어휘층위(lexical layer)에서 부사의 분포와 인허를 지배하는 원리에 초점을 맞춘다. 그 어휘층은 목적어-관련 기능투사범주를 수용할 뿐만 아니라 부사들을 관리하는 정연한 지정된 기능투사범주의 집합(특히 양태, 완전정도, 수단-영역, 완성, 순수영역과 공간부사들)을 수용하는 다수의 분할된 VP로 간주된다.

2장

부사의 구조통합과 인허에 관한 제안

최근의 생성문법 모형에서 부사인허에 관한 주요 제안들을 검토함으로써, 이 장에서는 통사적 특성이 의미를 결정하는지 또는 부사가 형상구조에서 지정어로 통합되어야 하는지 부가어로 통합되어야 하는지에 대한 문제와 밀접하게 관련된다. 3장에서는 상황을 설정하는 의미적 특성이 통사를 결정하는지에 대해 계속되는 논쟁을 소개한다. 지배결속이론(Theory of Government and Binding)과 원리와 매개변항이론(Theory of Principles and Parameters)이라는 이론적 틀 내부에서 경험적 문제와 이론적 문제들이 어떤 것이 있는지 살펴보며, 부사의 구조통합과 부사를 인허하기 위한 조건이 무엇인지에 대하여 논의한다. 부사들이 정연한 기능투사범주 내에서 유일한 지정어자리로 이동함으로써 문장에 통합되는 최소주의(Minimalist Program)와 통사론 비대칭(Antisymmetry of Syntax) 체계에서의 분석들을 논의한다. 이런 맥락에서 우리는 부사유형들이 보충어로 문장에 통합되는 것을 허용하는 기능적 지정어분석의 변형들을 언급할 것이다. 또한 궁극적으로 다소 복잡한 부가분석을 생기게 했던 지정어분석에 대한 경험적 문제와 이론적 문제들을 언급한다. 부가분석 하에서는 부사들의 분포와 인허가 의미적 작용역에서 나온다. 의미적 작용역의 개요를 제시한 후에, 부가에 기초한 의미적 작용역분석 하에서 부사들의 분포와 인허에 대하여 생기는 특정한 문제들을 다룬다. 의미적 작용역 이론가들에 의한 예견들이 지정어분석이 틀렸음을 입증하기 위해 제시되는 경험적 자료들에 관해서 시험되고 평가될 것이다. 지정어분석을 반대하고 부가에 기초를 둔 의미역 작용역분석을 지지하는 주장들이 설득력이 없다는 것을 나타낼 것이다.

2.1 지배결속이론과 원리와 매개변항이론에서 부가인허

지배결속이론과 원리와 매개변항이론 안에서 생성문법 초기모형의 특정한 규칙들이 (1) 확대투사원리(Extended Projection Principle: EPP)와 (2) a-이동(Move-a) 같은 일반화원리들로 대체되었기 때문에, 적형성이 특정한 구구조규칙들과 변형규칙들에 관해 더 이상 언급되지 않으나, 적형성은 문법조합들, 즉 의미역이론, 격이론, 결속이론, 통제이론, 지배이론 그리고 한계이론에 의한 평가의 결과로 나타난다(Chomsky 1981:5).

(1) 확대투사원리
모든 기능이 포화상태로 되어야 한다. 보충어는 모든 통사적 층위(d-구조, S-구조, LF)에서 표시되어야 하고 절은 주어를 가져야 한다.[1]

---

1) All functions must be saturated, i.e. complements must be represented at all

(2) *a*-이동, *a*는 임의범주이다. (Chomsky 1986a)

구조가 적형이 되려면, 구조는 (1)에 있는 EPP와 완전해석원리
(Principle of Full Interpretation: FI)에 의해 부과되는 것은 물론 문법의 다
양한 조합에 의해 부과되는 필요조건들을 충족시켜야 한다. 완전해석원리는
중요한 인허조건으로 모든 요소가 LF(논리형태)와 PF(음성형태)에서 해석가
능해야 한다는 것을 요구한다.

(3) PF와 LF에 있는 모든 요소는 적절한 해석을 받아야 한다.
  • PF: 모든 음성적 부분(segment)은 음성해석을 받아야 한다.
  • LF: 비최대투사범주는 핵계층이론에 의해서 인허된다. 최대투
    사범주는 논항, 논항흔적, 술어이거나 운용소들 중 하나로 인
    허된다. (Travis 1988)

어휘부는 통사적자질들, 형태음운적자질들, 의미역자질들, 하위범주화자
질들에 의해 명시적으로 나타나는 어휘항목의 순서없는 목록으로 간주된다.
의미역자질과 하위범주화자질은 EPP에 의해 어휘부에서 d-구조로 투사되고,
d-구조는 어휘부에서 투사될 때 의미역구조의 순수한 표시로 간주된다
(Chomsky 1981:39; 1986a:98 참조)

d-구조에서 활동하는 문법조합은 지배와 자매성 하에서 의미역 할당을
규제하는 의미역이론이다(Chomsky 1986a 참조). 의미역이론의 핵심원리는
각 논항은 유일하게 의미역을 할당받아야 한다는 것과 각 의미역은 논항에
유일하게 할당되어야 한다는 것을 요구하는 의미역 기준이다(Chomsky

---

syntactic levels (d- and s-structure and LF) and clauses must have subjects.
(Chomsky 1986a:116)

1981, 1982). 격이론, 격여과의 기본원리는 명사구에 적용되고 S-구조 층위에서 명사구 분포를 규제한다. 격여과는 어떤 어휘명사구도 형태론적으로 외현적인 격이나 추상격 중 하나인 격(Case)을 지녀야한다는 것이다. 따라서 VP-내적 주어를 SpecIP로 인상하는 α-이동의 적용은 격이론, EPP, FI의 상호작용에 의해서 궁극적으로 촉발된다. 지배이론의 핵심원리인 공범주원리(Empty Category Principle: ECP)는 모든 표시층위에서 나타나는데, 비명사류 공범주인 흔적들이 [+시제]에 의해 의미역할당과 지배를 야기하는 고유지배(proper government)와 함께 LF에서 고유지배될 것을 요구한다. α-이동에 의해서 유발되는 요소들의 이동은 한계이론의 핵심원리인 하위인접조건을 따라야 한다. 하위인접조건은 주어진 구조 안에서 주어진 요소에 대한 이동범위를 제한한다. 마지막으로 EPP와 FI는 모든 기능이 포화상태로 되어야하며 모든 요소는 LF와 PF에서 적절한 해석을 받아야한다는 것, 즉 의미역과 격은 할당되어야하고, 변항은 결속되어야 한다는 것을 요구한다.

(4)

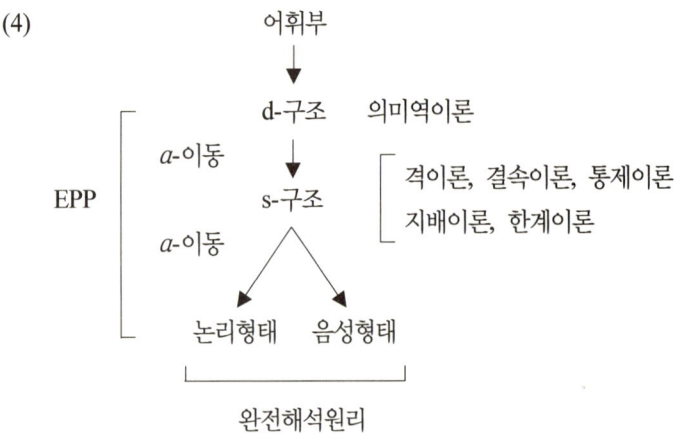

전체적인 체계가 한쪽으로 기운다는 것을 느끼는 것은 놀라운 일이 아니다. 왜냐하면 지배결속이론/원리와 매개변항이론에서 정의된 문법원리들이 단지 술어와 논항(즉 의미역을 할당하거나 지니는 요소들), 명사류 요소와 흔적(NP와 *wh*)을 언급하기위해 (또 궁극적으로 인허하기 위해) 설계되기 때문이다. 따라서 (5a)에서 *to John, he* 그리고 *what*은 *give*에 의해 의미역이 할당되어 인허된다. *John, he* 그리고 *what*은 격을 지니므로 인허되고, *John*과 *he*는 각각 *원리 C*와 *원리 B*에 의해서 인허되고, *what*은 ECP와 하위인접조건에 의해 인허된다. (5b)는 연쇄 *What*ᵢ . . . *t*ᵢ나 *the book* 중 하나가 의미역을 받지 못하기 때문에 의미역기준을 위반하고, (5c)는 명사류 요소 *John*이 격이 없기 때문에 격여과를 위반하고 (5d)는 대용사 *himself*가 그 국부영역에서 결속되지 않기 때문에 *원리 A*를 위반하고, 마지막으로 (5e)는 *what*이 *wh*-섬에서부터 인상되기 때문에 하위인접조건을 위반한다.

(5) a. What$_i$ did he give t$_i$ to John?
   b. *What$_i$ did he give t$_i$ the book to John?
   c. *What$_i$ did he give t$_i$ John?
   d. *What$_i$ did himself give t$_i$ to John?
   e. *What$_i$ do wonder whether he gave t$_i$ to John?

문법원리들은 부사에 관하여 알지 못한다. 일반적으로 부사들은 의미역이나 격을 지니지 않거나 또는 명사류 표현들과 같은 의미에서 지시적 특성들(원형-명사구 부사(예, *yesterday, that day*)는 예외를 구성한다)을 지니지 않기 때문이다. 이와 같이 (6)과 (7c)에서 문자열들의 적형성이나 (7a, b)에서 문자열들의 비적형성도 어떤 문법원리에서 나오는 것이 아니다.

(6) a. *Cleverly* she will have been avoiding this topic.

b. She *cleverly* will have been avoiding this topic.

c. She will *cleverly* have been avoiding this topic.

d. She will have *cleverly* been avoiding this topic.

e. She will have been *cleverly* avoiding this topic.

(7) a. **Beautifully*, Sir Colin Davis conducted Handel's 'Messiah.'

b. *Sir Colin Davis *beautifully* conducted Handel's 'Messiah.'

c. Sir Colin Davis conducted Handel's 'Messiah' *beautifully*.

다음 예문 (8)에서 문장들의 비적형성은 격할당자와 격할당받는자 사이에 어떤 요소도 개입하지 말아야 하는 것을 요구하는 격이론-관련된 격할당에 관한 인접조건 위반에서 나온다(Stowell 1981, Chomsky 1981).

(8) a. *She will have been avoiding *cleverly* this topic.

b. *Sir Colin Davis conducted *beautifully* Handel's 'Messiah.'

반어적으로 (9)에서 연쇄 *how carefully$_i$* . . . t_i와 *how horribly$_i$* . . . t_i는 ECP와 하위인접조건의 지배를 받는다.

(9) a. How *carefully$_i$* have they searched his apartment t_i?

b. *How *carefully$_i$* do you wonder whether he searched her apartment t_i?

c. How *horribly$_i$* did Madonna perform 'American Pie' t_i?

d. *How *horribly$_i$* did you say that she performed 'American Pie' t_i?

이와 같이 고려중인 체계 안에서 부사의 통사적 특징에 관하여 우리가 직면하는 주요한 장애는 (특히 의미역구조의 순수한 표시로 간주되고 있는 d-구조를 지닌) 부사들에 대한 지정된 (기저) 위치가 없으며 부사들의 분포를 규제하고 승인하는 특정한 인허방식이 없다는 것이다.

구구조가 세 개의 구 내부위치(핵, 보충어와 지정어)로 축소되고 부사는 의미관계나 점검관계에도 참여하지 않아 어휘투사범주나 기능투사범주 내에서 지정어와 보충어위치를 가정할 수 없으므로, (10)의 핵계층이론은 부사들을 수용할 구조적 위치들을 제공하지 못한다.

(10)   a. X' = X X"
       b. X" = X" X' (Chomsky 1989:89 개작)

구조적 위치가 없으므로 핵계층이론에 (11)에 있는 '부가규칙'을 보충함으로써 보상된다. 부가규칙은 기본적으로 부사 α가 VP, V' 그리고 V에 걸치는 β와 함께 β의 좌측이나 우측에 회귀적으로 첨부하는 것을 허용한다. Kayne(1984a)과 가장 최근의 분석들을 따라 구조들이 이분지로 나뉘게 된다.

(11)   [β ... α ... [β ...]]

(12)

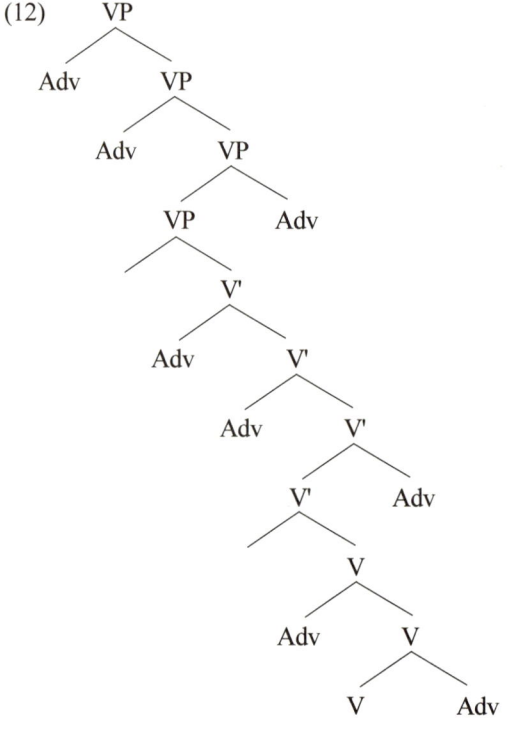

부가는 과잉생성하기 쉽다. 부가는 문법조합에 의해 언급되지 않아 내적으로 제한되지 않는 과정으로서, 부가어가 핵의 한편에 순서 없이 쌓이는 것이 허용된다. 그러면 부사들(보통 부가어들)은 원리들이 부사들의 분포를 지배하는 구조 안에서 어떻게 인허되는지의 문제가 발생한다. 이 문제는 Sportiche(1988)와 Zubizarreta(1982)의 수식접근법과, Robert(1987)의 통사적 술어접근법, 마지막으로 Travis(1988)의 핵자질 인허접근법의 핵심이다. 이 세 가지 제안은 문법모형에 기초한 초기표시에서 부사의 통사적 분석에 대한 대표적인 것이며 또한 그 제안들은 인허를 인허자와 인허받는 자와 연관된 의미적, 형태통사적 자질의 존재에 의지한다는 것이다. 부사인허에

대한 또 다른 접근법은 McConnell-Ginet(1982)과 Larson(1985, 1990)에 의해 제안되는데, 그것은 (적어도) 양태부사들은 동사의 가장 안쪽 보충어들로 인허된다는 것이다.

2.1.1 수식접근법

Sportiche(1988)는 부사의 분포는 부가어투사원리(Adjunct Projection Principle)인 (13)에 의해서 관할된다고 주장한다. 부가어투사원리는 투사원리에 대해 비의미역으로 유사한 것이고 "수식어의 어휘적 의미와 통사적 형상 간에 직접적인 관련성을 입증한다"(Sportiche 1988).

(13) 부가어투사원리 (Sportiche 1988)
어떤 의미형태 X가 어떤 의미형태 Y를 '수식하고' X와 Y가 통사적으로 a와 b로 인식되면, a는 b나 b의 핵에 부가하여 투사된다.

Sportiche(1988)는 부가어투사원리가 부사인허에 대한 필요조건이지만 충분조건은 아니라고 주장한다. 부가어투사원리는 사실상 인식되지 않는 용인된 부사자리의 목록만을 보여주기 때문이다. 한 가지 좋은 예가 동사와 동사 내 명사류 논항(nominal argument)사이에 있는 자리이다. 이 자리가 원칙적으로 부사 (14a)에 의해서 가정될 수 있지만, 동사의 내부논항이 명사류이면(예문(14b) 참조), 그 부사는 이 자리에서 금지된다. 격할당자와 격할당을 받는 자가 인접해야 하기 때문이다(Stowell 1981, Chomsky 1981).

(14) a. Bill went *quickly* into the attic.
b. *Bill kissed *quickly* his aunt.

하지만 Sportiche(1988)가 지적하듯이, 부가어투사원리는 적용영역이 제한된다. 다시 말해서 부가어투사원리는 부가어와 부가되는 것이 자매관계에 있을 때 적용되고, 그 원리는 "부사의 어휘적 의미가 수식할 수 있는 것을 분명히 하는" 부사에만 적용된다(Sportiche, 1988). 문장부사들은 IP인 명제내용, 양태동사(modals) 그리고 시제에 걸쳐 작용역을 취하기 때문에, 문장부사들은 (15)에서처럼, I나 IP의 자매이다. 반면 양태부사들은 의미역 술어를 수식하기 때문에 (16)에서처럼 V 또는 VP의 자매로 나타난다.

(15) a. *Probably*, John left.   (IP에 자매)
      b. John (*probably*) will (*probably*) leave. (IP에 자매)
      c. *John will buy *probably* shoes.   (VP 내에)

(16) a. She described *carefully* what had happened. (BNC)
                                                    (V에 자매)
      b. He always *carefully* cleans his glasses.   (VP에 자매)

Sportiche(1988)는 Jackendoff(1972)에 따라 그 절의 주어와 명제내용을 모두 수식하는 2항술어로 간주되는 주어중심 부사들은 주어에 그리고 "동사와 같거나 더 큰 통사요소"에 모두 부가한다고 주장한다. 하지만 (17a)에서 *cleverly* 같은 주어중심 부사는 명사구와 IP에 동시에 부가될 수 없기 때문에, 부가어투사원리에 의해 부과되는 구조필요조건이 충족될 수 없다. 부가어투사원리를 위반하지 않고 주어중심 부사가 그 절의 주어와 명제내용을 둘 다 수식한다는 사실을 설명하기 위해서, Sportiche(1988)는 (17b, c)에서 설명되는 병행구조분석(parallel structure analysis)을 제안한다. (17b, c)에서는 "두 구조가 내용과 순서에서 동일하다"는 조건 하에서 부사가 명사구나 IP 중 하나에 부가될 수 있다(Sportiche 1988 참조).

(17)　a. Paul has *cleverly* cheated at the exam.

　　　b. [$_{IP}$ [$_{NP}$ [$_{AdvP}$ *cleverly* NP] [$_{\chi}$ [$_{I}$] [$_{VP}$...]]]

　　　c. [$_{IP}$ [$_{AdvP}$ *cleverly* [$_{IP}$ [$_{NP}$] [$_{\chi}$ [$_{I}$] [$_{VP}$...]]]

　부사의 어휘적 의미와 용인할 수 있는 통사적 위치 사이를 조정하는 사상(mapping)방식으로서의 부가어투사원리 개념은 꽤 좋지만 그것을 지지하는 데에는 몇 가지 문제가 있다. *부가어투사원리*가 문장부사와 양태부사를 설명하지만 그것은 (17)에서처럼, 주어중심 부사들을 간단하게 설명하지 못한다. 화자중심 부사들은 IP-부가된 자리와는 다른 표면자리들을 가정하기 때문에, *부가어투사원리*는 또한 화자중심 부사들에 관하여 문제가 많다. 추가적인 문제는 부가어투사원리의 제한된 적용범위와 관련된다. 다시 말하면 부가어투사원리는 "부사의 어휘적 의미가 수식할 수 있는 것을 명백히 하는" 부사에만 적용된다(Sportiche 1988 참조). 하지만 주요한 통사적 결점은 부사구가 I와 V에 부가하여 구조보존제약(Structure Preserving Constraint)을 위반하는데 있다.

　(18)에서 수식원리에 의해 표시되듯이 부사들이 작용역을 취하는 구 투사범주에 부가된다는 것을 가정하면서, Zubizarreta(1982)는 가상적 위치와 실제적 위치사이를 구분 한다. 즉 (19a)와 (19b)에서 각각 나타나듯이, 문장부사들은 NP, Infl 그리고 VP에 대하여 순서가 없으며, (격할당에 관한 인접조건이 유지된다면) 동사구 부사들은 동사와 그 자매들에 대하여 순서가 없다.

(18) $[_\gamma \ldots \alpha \ldots \beta]$ 형상에서, $[_\gamma \ldots \beta \ldots \alpha]$는
   (i) $_\gamma = \beta$의 투사범주이고
   (ii) $_\gamma$는 α와 β를 직접관할하고
   (iii) $\alpha = $ Adv 인 경우이다.

(19) a. [s **Adv** NP **Adv** INFL (AUX) **Adv** VP **Adv**]
   b. [s NP INFL (AUX)[vp **Adv** V **Adv** XP **Adv**]]

Zubizarreta(1982) 제안 하에서는 수식은 전통적인 "진정한" 의미역과는 반대로 의미역기준에 비가시적이어야 하는 부가어 의미역의 할당을 수반한다. 만약 부가어 의미역이 '가시적'이라면, (20)은 주어 *John*이 동사 *roll*에 의해 또 부사 *voluntarily*에 의해 두 개의 의미역을 할당받기 때문에 제거된다.

(20) *Voluntarily*, John rolled down the hill.

부가어 의미역은 d-구조에서 할당되지 않고 (S-구조 또는) LF에서만 할당된다는 점에서 "진정한" 의미역과는 다르다. 이 가정에 대한 증거는 능동과 수동에서 주어중심 부사들과 양태부사들의 방향에서 나온다. 주어중심 부사들은 항상 표면주어인 행위자(21a)와 수동자(21b)를 수식하고, 양태부사 (21c, d)는 항상 행위자 *Joe*를 수식한다.

(21) a. Joe *intentionally* seduced Mary.
   b. Mary *intentionally* has been seduced by Joe.
   c. Joe seduced Mary *intentionally*.
   d. Mary was seduced *intentionally* by Joe. (Jackendoff 1972:83)

Zubizarreta(1982)에 따르면, 이런 대조는 부사들이 그들의 논항에 부과하는 선택적 제약에서 나온다. 양태부사들은 인접한 VP의 핵이 행위자 의미역을 할당할 때에만 수용된다. (21c, d)는 받아들여지고 (22)는 받아들여지지 않는 차이는 동사의 논항구조에서 행위자 의미역의 존재여부에 달려있다.

(22) a. *Intentionally*, the rock rolled down the hill.
      b. *The bomb exploded *intentionally*.

이 가정은 행위자역을 지닌 논항이 암시적이라고 하더라도 행위자중심 부사들이 수동태에서 수용된다는 사실로 입증된다.

(23) Mary was seduced *intentionally*. (Zubizarreta 1982:44)

Zubizarreta(1982)분석에서 필수적인 것은 양태부사들에 의한 부가어 의미역이 최대투사범주 VP에 할당되지 않고 그 동사의 *행위자* 의미역과 결합한다는 것이다. 마찬가지로, 주어에 민감한 부사들에 의한 부가어 의미역은 문장 S에 할당되지 않고 주어자리 요소가 지니는 어떤 의미역과도 결합한다. 이런 주장들은 (24)에서 부가어 Θ-기준으로 형식화된다.

(24) 부가어 의미역은 논항 의미역과 결합되어야 한다. (Zubizarreta
      1982:45)

Zubizarreta(1982)의 제안은 경험적 문제 및 이론적 문제에서 부딪힌다. 경험적 문제는 (25)와 (26)의 대조에서 나타난다(Jackendoff 1972:89 개작).

(25) a. Paul *intentionally* did his homework *sloppily.*

　　　b. Paul *courageously* has been portrayed *sloppily.*

(26) a. *Max *quickly* was *carefully* climbing the walls of the garden.

　　　b. *Max *cleverly* has *stealthily* been trying to climb the walls.

　　Zubizarreta(1982)분석은 (25)에서 적형한 문장을 쉽게 설명하지만 (26)에서 비적법한 문장을 적형한 것으로 잘못 예견한다. (25a)에서 '의도'(intention)와 '엉성함'(sloppiness)은 동사에 의해서 할당되는 행위자 의미역을 지니는 표면주어에 기인한다. (25b)는 두 가지 해석을 지닌다. 즉 '용기'(courage)와 '엉성함'은 암시적 행위자에 기인하거나, '용기'가 Paul에 기인하고 '엉성함'이 암시적 행위자에 기인한다. 그렇지 않지만 같은 추론방식으로 (26)에서 *quickly, carefully, cleverly* 그리고 *stealthily*가 문장주어에 대해 같이 서술될 수 있다. 즉 부가어 의미역기준 (24)에 의해 요구되듯이, 각 부가어 의미역들은 주어에 할당된 논항 의미역과 결합된다.

　　이론적 문제는 논항 의미역을 받지 못하는 실체(예, 화자들)에 부가어 의미역을 할당하는 것과 관련이 있다. 이와 같이 (27)에서처럼, 화자중심 부사들은 *부가어 의미역기준*을 체계적으로 위반한다.

(27) a. *Unfortunately*, [as we all know], it is not as simple.

　　　b. Jeffrey had *apparently* either been rescued or cruelly done to death. (BNC 자료)

추가적인 좋은 예는 *frequently, twice* 및 *often*과 같이 사건에 대해 수량

화하는 부사들이다.

(28) a. [Brainwashing has] *frequently* been investigated.
b. Chandler was *twice* governor of Kentucky.
c. I have *often* been faced with a musical deadline.

이런 부사들이 부가어 의미역을 할당한다면, 그들은 화자중심 부사들처럼, 체계적으로 부가어 의미역기준을 위반할 것이다.

2.1.2 술어관계

Roberts(1987)는 부사인허에 대한 술어기반 접근법을 발전시키는데, 그것은 술어가 의미역특성에 기초를 두지 않고 (29)에 있는 구조적 요건에 기초를 둔다는 가정에 의거한다.[2]

(29) X가 Y에 연결되기만 하면 [...] X는 Y에 대해 서술된다.

Roberts(1987)는 (29)에서 술어관계는 충분조건은 아니지만 필요조건이고 따라서 술어에 관한 선택적 제약에 의해 보충될 필요가 있다고 주장한다. 이것은 다음의 부사유형을 위해 설명된다(Travis 1988에서 개작).

(30) 유형 I: initial, Aux, VP-final
(의미변화. 예, *cleverly, clumsily*)
유형 II: initial, Aux, VP-final
(의미변화없음. 예, *quickly, slowly*)

---

2) 구조적 요건 (29)는 Rothstein(1985)에 의해 처음 제안되었다.

유형 III: initial, Aux (예, *evidently, probably, unbelievably*)
유형 IV: Aux, VP-final (예, *completely, easily, totally*)

(31a)에서 *cleverly*같은 유형 I 부사는 논항으로 행위자 주어 *John*과 술어 Infl을 선택하는 2항술어이고, (31b)에서 *quickly*같은 유형 II 부사는 Infl이나 VP 중 하나를 선택하는 1항술어이다. (31c)에서 *evidently*같은 유형 III 부사는 전체문장 IP를 선택하고 반면 (31d)에서 *easily*같은 유형 IV 부사는 행위자나 사건을 아무 것도 선택하지 않고 동사에 대해 서술된다(예문 (31)은 Roberts 1987에서 개작).

(31)   a. (*Cleverly*,) John (*cleverly*) kissed (*cleverly*).
       b. (*Quickly*,) John (*quickly*) kissed Mary.
       c. (*Evidently*,) John (*evidently*) kissed Mary.
       d. John (*easily*) ate his lunch (*easily*).

선택적 제약이 작용한다는 가정은 (32)의 대조에서 입증된다. (32a)에서 *easily*는 행위자와 사건과 적법하게 해석되지 않는다. (32b)에서 문장이 행위자 논항을 포함하지 않기 때문에 *deliberately*의 선택적 제약은 만족되지 않는다. (32c)에서 문장은 사건이 있지도 않고 행위자 논항을 포함하지 않기 때문에 *quickly*와 *deliberately* 모두가 적법하지 않다. 사건을 포함하지 않는 문장은 *quickly*와 *deliberately*를 금하고 행위자를 포함하지 않는 문장은 *deliberately*를 배제한다.

(32)   a. Joe *quickly*/**easily*/*deliberately* seduced Mary.
       b. The ice *quickly*/*easily*/**deliberately* melted.

c. John *quickly/easily/*deliberately knew the answer.

2.1.3 핵자질 인허

여기서 언급될 마지막 제안은 Travis(1988)의 핵자질 인허설명이다. 부사들이 보충어를 취하지 못하고(예, *proudly of their achievements*) 결함이 있는 범주(defective category)를 구성하기 때문에, 부사들은 구 층위로 투사하는 것이 아니라, 단순히 핵(heads)이라고 간주한다. 그 핵의 인허는 확대된 동사투사범주 안에서 핵 인허에 관한 핵자질들인 [양태], [사건], [일치], 그리고 [발화 내 영향력]이 기생 존재하는 것이다.

(33) V [양태]   → 양태부사의 인허
      I [사건]   → 사건중심 부사의 인허
         [일치]   → 주어중심 부사의 인허
      C [발화내 영향력] → 화자중심 부사의 인허

(Travis 1988 개작)

핵자질 인허체계는 Jackendoff(1972)가 구분한 모든 분포적 부류(34)에 작용해야 한다. 그를 위하여 Travis(1988)는 세 가지 재배열을 제안한다.

(34) 유형 I: initial, Aux, VP-final (의미변화. 예, *cleverly*)
      유형 II: initial, Aux, VP-final (의미변화 없음. 예, quickly)
      유형 III: initial, Aux (예, *evidently, probably, unbelievably*)
      유형 IV: Aux, VP-final (예, *completely, easily, totally*)
      유형 V: VP-final (예, *hard, well, more*)
      유형 VI: Aux (예, *truly, virtually, merely*) (Travis 1988)

첫째로 Travis는 (35)에서 유형 III 부사 *probably*와 유형 IV 부사 *completely*의 대조는 Aux위치와 VP-처음위치의 융합(conflation)인 Jackendoff(1972)의 Aux 자리에 대해 나타낸다고 주장한다(Travis 1988 참조).

(35) a. He {probably/*completely} was ruined by the tornado.
      b. He is being {*probably/completely} ruined by the tornado.

Aux위치의 분할(splitting)은 4가지 위치, 즉 처음위치, Aux위치, VP-처음위치와 VP-마지막 위치를 가정하는 유형 I과 유형 II에 대한 분석에서 중요하다.

(36) a. (*Clumsily*) he (*clumsily*) has (*clumsily*) dropped his coffee (*clumsily*).
      b. (*Quickly*) he (*quickly*) has (*quickly*) dropped his coffee (*quickly*).

Jackendoff(1972)와는 반대로, Travis(1988)는 유형 I과 유형 II 부사들 모두 위치에 따라 의미가 변한다고 주장한다. 유형 I 부사들은 처음위치와 Aux위치에서 주어에 민감하지만 VP의 처음위치와 VP의 마지막위치에서 행위자에 민감하다. 유형 II 부사들은 처음위치와 Aux위치에서 사건중심이지만 VP의 처음위치(VP-initial position)와 VP의 마지막위치(VP-final position)에서 양태해석을 받는다. Travis(1988)는 유형 I과 유형 II를 쪼갬으로써 이런 경험적 사실들을 포착한다. 처음위치와 Aux위치에서 유형 I과 유형 II 부사들, 즉 유형 Ia와 IIa 부사들은 유형 III 부사들과 같은 패턴을 형성하고, 유형 I과 유형 II 부사들, 즉 유형 Ib와 IIb 부사들은 유형 IV 부사들과 같은 패턴을 형성한다(예문(37)은 Travis 1988 참조).

(37) initial/Aux   VP-initial/VP-final   Aux   VP-final

initial/Aux	VP-initial/VP-final	Aux	VP-final
유형 Ia	유형 Ib	유형 VI	유형 V
유형 IIa	유형 IIb		
유형 III	유형 IV		

유형 VI과 유형 V 부사들을 제쳐두고, Travis(1988)는 처음위치와 Aux 위치에서 생기는 부사들은(유형 Ia, IIa, III) I에 있는 핵자질에 의해 인허되고, 반면 VP의 처음위치와 VP의 마지막위치에서 생기는 부사들은(유형 Ib, IIb, IV) V에 있는 핵자질에 의해 인허된다고 주장한다. 이 분석 하에서는 부사들이 나타내는 이동성효과(transportability effects)는 (38)에서 화살표로 표시되듯이 핵자질들이 핵의 범주투사(categorial projection)안에서 접근가능하다는 자질삼투장치(feature percolation mechanism)에 의해서 설명된다.[3] (38)에서 나타나듯이, 부사를 주어진 범주투사 내에서 모든 절점에서 인허되는 핵으로 분석하는 것은 구 부사들(즉 PPs와 종속 부사절)이 V와 I의 범주투사 안에서 이동가능하지 않은지에 대해 설명해 준다. 다시 말해서 이런 요소들은 최대투사범주(XPs)이고 그들은 VP 또는 IP의 술어로서만 인허될 수 있다.

---

3) 다시 말해서 부사들이 자유롭게 이동한다는 것을 설명할 수 있다. 그 이유는 핵의 투사범주 안에서 자질이 아래에서 위로 삼투되는 장치를 가지고 있기 때문이다. 그러므로 부사들은 어느 위치에 있든 똑같은 자질을 드러내게 된다.

(38)

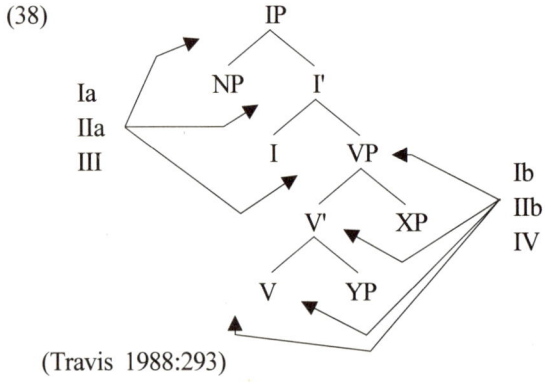

(Travis 1988:293)

Travis(1988)는 행위자중심 부사들(유형 Ib)은 V의 외부논항에 부가어 의미역을 할당하고, 주어중심 부사들(유형 Ia)은 [일치]자질이 동일지표되는 주어에 부가어 의미역을 할당한다고 주장한다. [일치]외에 IP의 핵은 핵자질 [사건]을 관리하기 때문에 I는 인식부사 *probably*를 인허할지도 모른다. 인허자와 인허 받는 자에 대한 세밀한 조사가 (39)에서 보여진다(Travis 1988 참조).

(39)   Infl   Verb
    유형 Ia: 일치   유형 Ib: 행위자
    유형 IIa: 사건   유형 IIb: 양태
    유형 III: 사건   유형 IV: 양태

제안된 분석 하에서는 부사들의 상대적인 순서가 작용역 할당에 수반된다. Travis(1988)는 (40a)에서 보여주듯이 부사의 작용역이 교차하지 않는 경로를 따라 자질삼투를 통해 할당된다고 가정하는 점에서 Williams(1984)를 따른다. (40b)에서처럼 좀 더 깊이 내포된 Adv_2가 상위의 Adv_1자질을 넘어서 투사하여 Adv₁의 투사경로를 교차하는 삼투구조들은 받아들여질 수 없다.

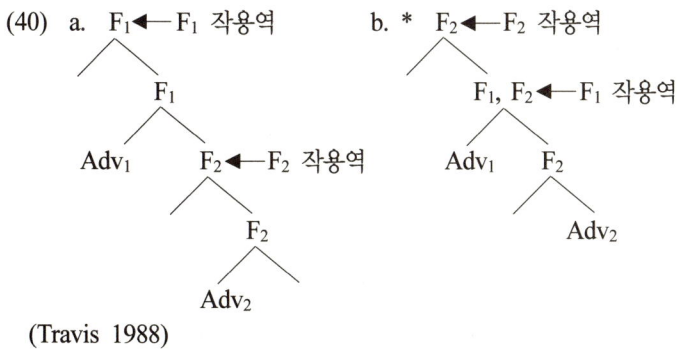

(40) a. $F_1 \leftarrow F_1$ 작용역   b. * $F_2 \leftarrow F_2$ 작용역

(Travis 1988)

이와 같이 Travis(1988) 설명은 부사들이 구 층위로 투사하지 못하는 결함이 있는 핵들이라는 잘못된 전제가 있어서 그 설명은 지지할 수 없다. 이 것을 보여주기 위해서 부사들이 보충를 취하는지 아닌지에 대한 질문으로 되돌아갈 필요는 없지만 부사들이 전치수식(premodified)될지도 모른다는 사실을 고려할 필요가 있다.

(41) a. [We] have *quite enthusiastically* lapsed into a chronic dualism. (BNC)
      b. [They] will die *very quickly* after being brought into captivity. (BNC)

Travis분석의 두 번째 결점은 Adv가 IP와 VP에 부가하여 *구조보존제약* 을 위반하는데 있다.

여기서 논의된 각 부사인허방식을 지지하는 문제들을 제쳐두고, 예를 들면 제한된 적용범위(Sportiche 1988), 부가어 의미역할당을 논항 의미역할당의 부수물로 시행(Zubizareta 1982), 술어관계를 의미관계에서 잘라내기(Roberts 1987), 부사의 구구조 신분(Travis 1988)은 제쳐두면서, 세 가지 분석들이 부사의 개별부류와 그 구조 사이에서 다양한 종류의 관련성을 이해하고 궁극적으로 [양태], [행위성], [발화 내 영향력] 등과 같은 의미자질들을 공유하는데 근거하는 지정어-핵 일치에 의하여 부사인허이론을 만드는데 기여했다.

2.1.4 VP내 가장안쪽 보충어로서의 부사

(42)과 (43)에서 각각 나타나듯이 수동에 민감한 부사들만이 수동문에서 의미가 같지 않은 것을 유도하고 수동태 *be*를 선행한다는 것을 출발점으로 삼아, McConnell-Ginet(1982)은 Jackendoff(1972)의 VP-부사들 집합을 VP-외부부사들(예, 수동민감한 부사들)과 VP-내부부사들(예, 양태부사들)로 분할하는 것을 제안한다.

(42) a. The doctor *carefully* has examined John. (The doctor is careful)

b. John *carefully* has been examined by the doctor. (John is careful)

c. The doctor examined John *carefully*. (The doctor is careful)

d. John was examined *carefully* by the doctor. (The doctor is careful)

(43) a.   Mary {wisely, unwillingly, obediently, knowingly} was

instructed by Joan.

b. *Mary {thoroughly, gently, expertly, brilliantly} was
   instructed by Joan.

VP-외부부사들((42a, b)와 (43a))과 VP-내부부사들((42c, d)와 (43b)) 간의 통사적 차이는 의미적 차이에서 나온다. 다시 말해서, VP-외부부사들은 "VP에 의해 (부분적으로) 지정된 사건이나 상황에 대해 무엇인가를 말하고"(McConnell-Ginet 1982) VP의 지시를 당연히 받아들이지만, VP-내부부사들은 VP에 의해 나타내는 사건을 제한한다. 이와 같이 (44a)는 *Louisa의 무례함이 떠나는 것에 있었다(Louisa's rudeness consisted in departing)*를 암시하지만, (44b)는 *Louisa가 떠날 때의 태도는 무례했다(the manner in which Louisa departed was rude)*를 암시한다.

(44) a. Louisa *rudely* departed.
      b. Louisa departed *rudely*.

McConnell-Ginet(1982)는 (44a)에서는 조동사처럼 전체 VP에 작용역을 취하는 술어운용자로 *rudely*를 분석하고, (44b)에서는 *rudely*는 그 동사의 의미적 논항으로 분석된다. 다시 말해서 "동사가 그 논항과 결합하기 전에" 그 동사와 결합하는 부사로 분석된다(McConnell-Ginet 1982). 중요한 것은, 이 문맥에서 '논항'은 통사적 의미로 이해되는 것이 아니라 "그것을 더 정확하게 기술하기 위해서 동사적 의미"를 '증가시키는' 요소로 이해된다는 것이다(McConnell-Ginet 1982 참조). 말하자면 부사는 "그 기능구조를 변화시키지 않고 동사의 해석에" 부착하는 '의미표시들'이다(Jackendoff 1972 참조).

McConnell-Ginet(1982)이 부사는 동사의 논항구조를 포화시키지 않는 다고 명백하게 말하지만, Larson(1988, 1990)은 양태부사들이 (45)에서 나타나듯이 소위 VP-패각구조(shell structure)안에서 "가장 안쪽 보충어위치에서 투사되는" 동사의 통사적 논항들이라고 주장한다.

(45) [$_{VP}$ [$_{DP}$ John][$_{V'}$ [$_V$ saw$_i$][$_{VP}$ [$_{DP}$ Mary][$_{V'}$ [$_V$ t$_i$][$_{AdvP}$ **recently**]]]]]

양태부사들은 (46)에서처럼 VP내 우측이 아닌 주변위치를 가정한다는 사실을 설명하기 위해서, Larson(1988, 1989, 1990)은 경술어 인상분석 (Light Predicate Raising Analysis)을 제안하는데, 그것은 주어진 VP-패각 구조에서 가장 하위의 V'를 V로 재분석하여, 그 동사와 구조적 보충어가 핵인상에 민감하게 하는 것이다.

(46) a. He handed the napkin *secretly* to her.
      b. He complained *vociferously* about the meal.
      c. They insisted *aggressively* on his arrest.
      d. She believes *strongly* in justice.

[$_{V'}$ V XP]를 [$_V$]로 재분석하는 것은 선택적 운용으로 간주된다. 하지만 (47b)에서 나타나듯이 선택적 운용이 적용되어 (47a)에서처럼 운율적으로 좋지 않은 표층문자열을 막는다면 강력히 지지된다. 운율적으로 좋지 않은 (47a)에서는 중요소인 [about the meal]이 경요소인 [$_{Adv}$ vociferously]를 선행한다.

(47) a. He [$_V$ complained]$_i$ [about the meal] ... [$_{V'}$ [$_V$ t$_i$][$_{Adv}$

vociferously]]

    b. He [v=v' [v complained][AdvP vociferously]]i[about the meal] ... [v' ti]]

Larson(1988, 1989, 19990)의 재분석에 대해 여러 반대의견이 있다. 첫째, 재분석은 선택적이 아니라는 것이다.

(48)   *Bob [v=v' [v opened][AdvP carefully]]i [the lid] ... [v' ti]]

둘째, 운율중심의 설명 하에서는 V'-재분석은 (49)에서 나타나듯이 중요소들이 비교적 경요소들을 건너서 끌려가는 것을 허용하기 때문에 그것은 자체 모순적이다. (49)에서 V'는 비교적 중요소 [AdvP so incredibly vociferously]를 포함한다.

(49)   He [v=v' [v complained][AdvP so incredibly vociferously]]i [about the meal] ... [v' ti]] that the waiter fainted.

셋째, 격할당자와 격할당받는자가 인접해야한다면, 그 재분석은 부사가 [DP the lid]를 선행하는 (48)과 같은 문장이 옳다고 잘못 예견한다. 넷째, (50a)와 같은 선형순서를 도출하기 위해서 우리는 동사핵위치에서 Adv의 잔류인 V-핵분리(V-excorporation)을 고려해야 한다.

(50)   a. He handed the napkin *secretly* to her.
      b. He [v handed]j [the napkin][v[v tj]i [AdvP secretly]]i [to her][v' ti]

(50)에서는 동사핵분리를 허용한다. 하나는 명사보충어, 또 하나는 대격 PP이기 때문이다. 그러나 (51)에서처럼 둘 다 명사보충어의 형태를 가지면 동사핵분리는 금지된다. 이러한 설명은 왜 이러한 차이가 생기는지 설명하지 못한다.

(51) *He [$_V$ handed]$_j$ [her][$_V$[$_V$ t$_j$]$_i$ [$_{AdvP}$ secretly]]$_i$ [the napkin][$_V$ t$_i$]

부사를 VP내 가장안쪽 보충어로 분석하는 것은 부사인허에 대해 밝히기 보다는 VP구성에 대하여 각 VP-패각구조가 그 지정어와/또는 보충어위치에서 구 투사를 관리하는 많은 VP-패각구조로 구성되어있는 것을 밝히는 것이다.

2.1.5 부가에 반대하는 경험적 주장과 이론적 주장

부가는 핵의 한편에 회귀적으로 적용되어 다중부문 범주를 생기게 한다는 점에서 내적으로 제한받지 않는 과정이다. 1980년대 중반에 부가는 부가 자리로 자격을 갖는 절점들에 관한 제약에 부딪치게 되었다.

(52) 부가는 비논항인 [...] 최대투사범주에만 가능하다. (Chomsky 1986b)

(52)에서 최대투사범주에만 가능하다는 제한은 형식적으로 [$_β$ α [$_β$ ...] 로 나타난다. 여기서 α와 β 모두는 동일한 구구조 신분, 즉 최대투사범주 (X^{max})를 지니고 구구조제약을 준수한다. 또한 부가되는 최대투사범주의 비논항 신분은 L-표시 즉 의미역할당과 격할당에 대해 장벽이 되는 부가에서

나온다(Chomsky 1986b 참조).

하지만 (52)의 제한은 실제로 부사의 제한받지 않고 자유로운 문제를 제거하지 못한다. 전체적인 체계와 부가어의 상호작용(즉, 표시층위, 인허)이 확정되지 않기 때문에, (52)에 의해서 승인된 (53)의 부가구조도 기본적으로 제한받지 않는다.

(53)

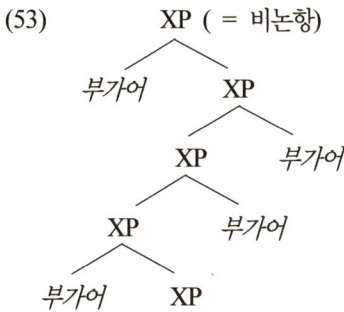

부사, 동사핵 그리고 절의 다른 요소들의 상대적인 선형순서가 어떻게 설명될 수 있는지 하는 문제가 생긴다. 양태부사의 인허가 VP내 유용한 핵자질 [양태]의 존재여부에 따른다는 것을 가정하여, 양태부사는 자유롭게 VP의 좌측이나 우측에 부가된다.

(54)

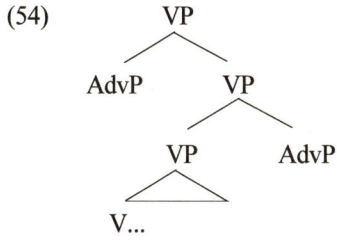

하지만 (55)에서 볼 수 있듯이, 양태부사들은 동사이전 위치와 동사이후 위치에서 자유롭게 생기지 않는다. 양태부사의 동사이전 발생을 배제하기 위해서 우리는 부가에 방향성 제한을 부과하게 된다. 즉 양태부사들은 VP에 우측부가(right-adjoined) 되어야 한다.

(55) a. She has (*loudly) snored (loudly).
      b. They (*secretly) sent the message (secretly).

하지만 그런 제약은 양태부사들이 수동태에서 동사이전 위치에서 가능하기 때문에 받아들일 수 없다.

(56) The message was (secretly) sent (secretly).

게다가 양태부사들은 격할당 인접조건이 충족될 수 있다면 (57a)에서처럼 내부논항의 외치에 의해서 나타나듯이 동사와 그 내부논항사이에서 개입할지도 모른다.

(57) a. He handed the napkin (secretly) to her (secretly)
      b. He handed her (*secretly) the napkin (secretly)

동사가 두 핵자질인 [양태], [행위자]를 지니고 있는 경우에는 문제가 크게 증가한다. VP의 좌측과/또는 우측에 회귀적으로 적용하는 부가에 의해서 (58)에서 아무 것도 비문법적인 문장의 생성을 막지 못한다.

(58) a. *They have (hesitantly loudly) performed the aria

(*hesitantly loudly*).

b. *They have (*loudly hesitantly*) performed it (*loudly hesitantly*).

c. *It has been (*hesitantly loudly*) performed (*hesitantly loudly*).

d. *It has been (*loudly hesitantly*) performed (*loudly hesitantly*).

e. *The aria has been *loudly* performed *hesitantly*.

f. The aria has been *hesitantly* performed *loudly*.

나쁜 문장을 배제하기 위해서는 VP-부가된 부사들은 인접하지 말아야하며, 자질 [행위자]에 의해 인허된 부사들은 자질 [양태]에 의해 인허된 부사들보다 더 큰 작용역을 취해야한다는 출구여과(output filter)를 상정해야 한다.

(59)-(61)에서 적형한 문장과 적법하지 않은 문장의 대조에서 나타나듯이, IP에 다중부가는 VP에 다중부가와 같은 문제들에 부딪치게 된다.

(59) a. *Carefully* he *slowly* opened the door to the library.

b. **Slowly* he *carefully* opened the door to the library.

c. *(Slowly carefully*) he (*slowly carefully*) opened the door.

d. *(Carefully slowly*) he (*carefully slowly*) opened the door.

(60) a. *Usually* she *always* ordered lasagna, but not last night.

b. **Always* she *usually* ordered lasagna, but not last night.

c. *(Always usually*) she (*always usually*) ordered lasagna.

d. *(*Usually always*) she (*usually always*) ordered lasagna.

(61) a. *Already* they *no longer* serve dinner after 8 pm.
      b. **No longer* they *already* serve dinner after 8 pm.
      c. *(*No longer already*) they serve dinner after 8 pm.
      d. (**Already no longer*) they (*already no longer*) serve dinner after 8 pm.

   (59)와 (60)에서 비적법한 문장과 (62a)와 (62b)에 있는 구조들을 배제하기 위해서, 우리는 부가어는 주어 옆에 배치되어야 하고 (62c), *carefully*, *usually*는 *slowly*, *always*를 각각 선행해야한다는 일종의 여과를 상정해야 한다. Travis(1988) 분석 하에서는, 핵자질 [일치]는 *carefully* 인허에 포함되고, 핵자질 [사건]은 *slowly*, *usually*, *already*와 *no longer* 인허에 포함된다. 우리는 [일치] 인허된 부사들이 [사건] 인허된 부사들보다 더 큰 작용역을 취해야한다는 것을 가정할 수 있는데, 이것은 (59a)와 (59b, c)사이의 대조를 잘 설명한다. 하지만 문장부사가 주어 옆에 있어야 하는 조건은 *already*와 *no longer*가 주어 뒤에 나오고 (61d), 따라서 구조 (62b)에 해당한다면 인접할지 모르는 *already*와 *no longer*에 대하여 너무 강력하다.

(62) a.   b.   c.

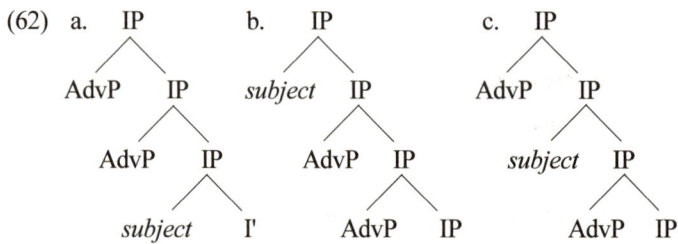

부가가 최대투사범주로 제한되고 IP에 부가하는 것은 다른 통사적 운용이 뒤따르지 않는다면 부가어의 좌측이나 우측 발생을 일으키므로, (63)에서 어떻게 부사들이 중간위치를 차지하게 되는지, 즉 법조(modal)조동사나 한정조동사 뒤에 나오는지에 대한 문제가 생긴다. 게다가 그 중간위치는 (64)에서 보듯이 VP-부가된 위치와 다르지 않다.

(63) a. At night, he would {*carefully, slowly*} open the door.
   b. He had {*already, wisely*} refrained from smoking in bed.

(64) a. [IP [D he][ᵧ [I would][VP [Adv carefully][VP open the door]]]]
   b. [IP [D he][ᵧ [I had][VP [Adv already][VP refrained from smoking in bed]]]]

(64)에서 *carefully*를 주어중심 부사로 인허하는 [일치] 자질이나 *already*를 사건관련부사로 인허하는 [사건] 자질도 접근가능하지 않다. 다시 말해서 *carefully*는 기껏해야 양태해석을 받을 것이고, *already*는 인허되지 않을 것이다.

마찬가지로, (65)에서 *luckily*와 *honestly* 같은 화자중심 부사들이 C에서 핵자질 [발화내 영향력]에 의해 인허되므로, (66)에서 화자중심 부사가 specIP에서 주어 뒤에 나오거나 또는 I에 있는 한정조동사 뒤에 나오는 문장들은 설명되지 않는다. CP에 좌측부가나 우측부가가 (다른 통사적 과정이 뒤에 나오지 않으면) 고려중인 문장을 만들어내지 않기 때문이다. 반대로 (66)에서 *luckily*와 *honestly*가 각각 IP와 VP에 부가되면, 핵자질 [발화내 영향력]이 CP안에서만 유용하기 때문에 부사들은 그 핵자질에 의해 인허되지 않는다. (67)과 (68)을 비교하라.

(65) a. *Luckily* they all passed their finals.

     b. *Honestly*, I have no idea.

     c. They all passed their finals, *luckily*.

     d. I have no idea, *honestly*.

(66) a. She *luckily* had decided to stay at home.

     b. He had *honestly* believed that he would get away with
       it.

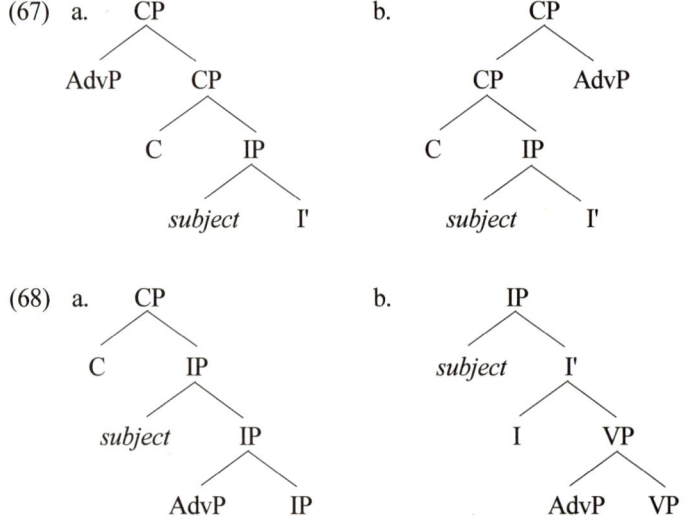

이와 같이 부가는 다중부가 하에서 크게 증가시키는 선형화 문제를 낳을 뿐만 아니라 부착애매성 문제(예문(55)-(61), 예문(63)과 (66))를 생기게 한 다. 그것은 서로에 관련되고 절의 다른 요소들에 관련되는 부사의 분포적 특

성들을 언급하는 출구여과를 의지하지 않고는 해결될 수 없다.

2.1.6 요약

부사에 대한 기저위치가 없으며 지배결속이론/원리와 매개변항이론에서 부사에 대한 적절한 인허조건이 없다는 것을 출발점으로 삼아, 이 절에서는 부가를 구조적 위치의 부족을 보상하는 수단으로서 실행가능성을 강조했다. 부가어에 대한 특정한 인허조건으로는 Sportiche(1988)와 Zubizarreta (1982)의 수식방식, Roberts(1987)의 술어관계방식 그리고 Travis(1988)의 핵자질 인허방식 같은 인허조건들을 다양하게 다루었다.

제한된 적용가능성 범위(Sportiche 1988), 부사의 다중발생(Zubizarreta 1982), 술어관계와 의미구조의 분리(Roberts(1987) 그리고 부사의 (비)구절 신분(Travis 1988)과 같은 논의된 분석들의 단점들은 제쳐두고, 여기서는 고려중인 부사인허기제가 어떻게 어느 정도로 그런 부가를 적절하게 제한하는지에 대한 문제에 집중했다. 또한 어떻게 어느 정도로 부사인허기제가 서로에, 동사요소들에 그리고 동사의 내부논항(들)에 관련된 부사의 위치를 설명하는지에 대한 문제에 집중했다. 다양한 인허기제는 전체적인 체계가 출구여과와 보완되지 않는다면 부가에서 생기는 부착과 선형화 문제를 근절하지 못한다는 것이 드러났다. 결과적으로, 부사에 대한 지정된 기저위치가 없다는 것은 부가가 외부요소들에 의해서나 과정의 특정한 특성들에 의해서 엄격하게 제한되지 않으면 부가에 의해서 보상될 수 없다는 것이다.

2.2 최소주의에서 부사인허와 비대칭선형구조

최소주의는 기존모델을 대폭 수정하여 과감한 생략을 하였다. PF와 LF

만 남겨두고 모조리 없앴다. 인간언어는 문장생성작업을 하면서 낭비가 없는 최적성을 지향한다. 모든 언어표현은 소리와 의미의 두 가지 표시(representation)로 이루어진 이중구조를 지닌다. 모든 것을 다 생략하면 종국에는 어휘부(lexicon)만 남는다. 어휘항목을 고르고 얼마나 반복적으로 사용할 것인가를 정하는 것이 배번집합(numeration)이며, 일단 필요한 어휘들을 골라놓고, 선택(select), 병합(merge), 이동(move)의 작용을 차례대로 한다. 선택과 병합은 자연계에서 흔히 보며, 공짜이고 따라서 무제한 반복사용이 가능하다. 반대로 이동은 자연계에 없고 값이 비싼 작업이다. 따라서 꼭 필요한 때에만 일회적으로 사용한다. 지연원리(Procrastinate)에 의하여 모든 작업이 끝난 다음, 이동을 사용하며, 가급적 맨 마지막 단계에서 활용한다. 하지만 어떤 때에는 지연원리를 위반해도 좋다. 도출과 접합면이 합치되기 위하여 이동이 꼭 필요하면, 설사 아직 LF가 아니더라도, 예외적으로 이동을 사용한다. 다시 말하면, 접합면에서 도출이 파탄으로 판정받는 것을 피할 목적이라면 비상시이므로 이동을 예외적으로 사용한다. PF에서 비해석성 자질을 도출이 가지고 있을 때에는 PF 파탄이 일어난다. 이 때 비해석성 자질이란 무엇인가? 올바른 표현을 도출하는 과정에서는 반드시 필요하지만, 중간과정을 끝내고 마지막 접합면 단계에서는 더 이상 필요가 없는 형식자질을 가리킨다. 예를 들면, 동사와 T에 붙은 내재적 격을 주는 자질이 있는데, 흔히 대격과 주격을 주는 역할을 각각 담당한다. 또 다른 예로 EPP 자질이 있다. 이는 어휘적 자질과 기능적 핵(Wh/Q, 초점, 화제, 부정어 핵)을 묶어주는 역할을 한다. 그리고 TP의 주어자리에 해당하는 명사를 정해주는 강한 D-자질이 있다. 마지막으로 Agr에 있는 Case가 있다.

문장이 제대로 도출되려면, 이러한 비해석성 자질은 접합면까지 이르기 전에 제거해야 한다. 비해석성 자질에 대하여 다음과 같은 일반론이 알려져

있다. 첫째, target의 자질은 항상 비해석성 자질이다. 둘째, 비해석성 자질은
강자질과 약자질 두 가지로 이루어져 있다. 셋째, 비해석성 자질은 기능적 핵
에 붙어 있을 때에만 강자질이다(Chomsky 1995). 강자질의 점검은 외현적
상승(overt raising)을 필요로 한다. 실제로 이동이 눈에 보이도록 일어나야
한다. 그러나 약자질의 점검은 그런 이동이 필요가 없다. 강자질 점검을 위한
이동의 예를 들면, 대동이동이 있다. 반대로 순수한 자질이동은 약자질에 해
당한다. 외현적 이동이 일어난 후에 껍데기만 남은 음운적 형태도 약자질이
다. 약자질의 점검은 눈에 보이지 않으며, 문자화보다 먼저 일어나며, 값도
공짜이다.

최소주의 이론에는 부사에 대한 언급이 별로 없다. 기저위치도 없고, 어
떤 인허조건을 지켜야 한다는 말도 없다. 예문(70)에서 보면, 의문사 *how*와
how often, 그리고 초점부사 *often, so loudly*는 부사이며 반드시 외현적 이
동을 하며, 따라서 좌측 가장자리 이동을 한다.

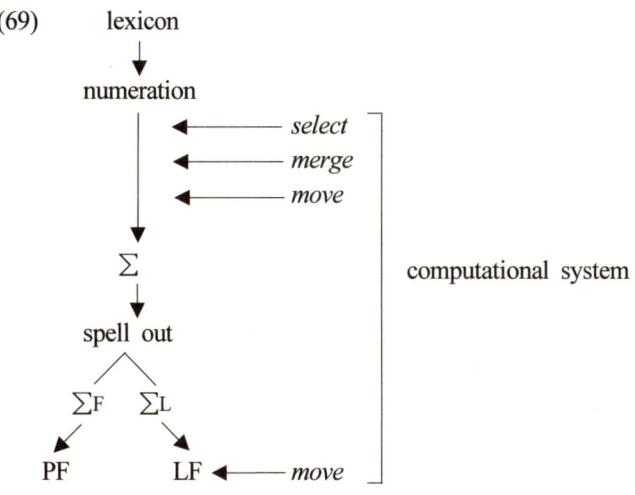

(70) a. How did Madonna perform American Pie t?

   b. How often did she t go there?

   c. Often did she t cry.

   d. So loudly did he snore t that he woke his neighbors.

아래 예문(71)에서 *probably*는 이동을 유발하는 자질을 가지고 있지 않으므로, 지정어(specifier)가 아니고, 부가어(adjunct)로 분류된다.

(71) John probably has left already.

Chomsky에 의하면, 부사는 병합에 의하여 중간범주 X'에 붙는 요소이다. (71)에서 *probably*는 TP에 붙어, 둘로 이루어진 하나의 범주를 가지게 된다.

다음 (72), (73)은 *probably*가 TP에 부가되어 *John*과 *has left already* 사이에 오는 과정을 그린 그림이다.

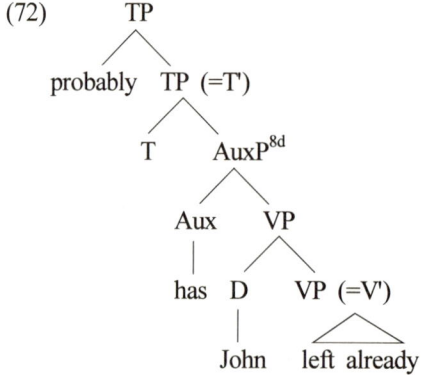

(72)   TP
     probably   TP (=T')
              T   AuxP[8d]
                 Aux   VP
                 has D   VP (=V')
                    John   left already

(73)

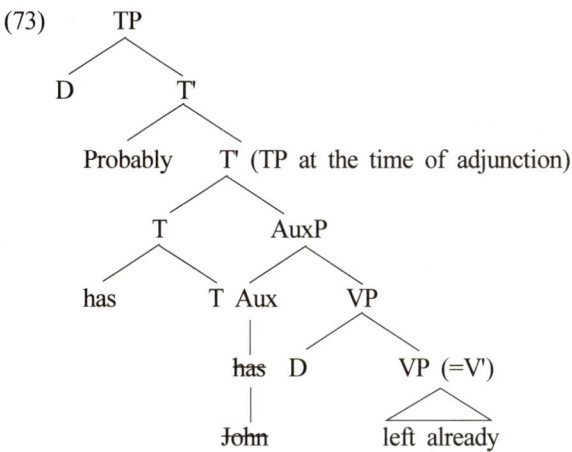

이 때 TP에 부가한 *probably*는 비논항자리에 있다. 왜냐하면 부사는 동사 *left*의 논항도 아니며, 시제 T의 파이자질과 상호작용을 하지도 않기 때문이다. 부가에 의하여 둘로 늘어난 TP는 VP 안에 있는 주어를 이동시켜 TP의 지정어자리로 보냄으로써 더 크게 늘어난다. 물론 이 주어자리는 논항자리이다. 부사이동은 주어진 자리가 없는 부가(adjunction)이지만, 반대로 주어이동은 원래 자리가 주어진 대치(substitution)이다. 주어이동은 EPP에 의하여 촉발된다. 이 때 주어자리와 부사자리의 차이는 무엇인가? 모든 자리는 논항자리와 비논항자리로 분류되는 것처럼, 주어자리는 논항자리, 부사는 비논항자리로 대칭적으로 분류되는 것처럼 보인다.

Laenzlinger(1998)의 분석에 의하면, 주어와 부사는 똑같이 지정어-핵 일치에 의존한다. 그에 의하면 동사구는 잠재적으로 두 개의 지정어를 가질 수 있다. 하나는 논항 지정어(A-specifier)이고, 다른 하나는 비논항 지정어이다. 논항 지정어는 반드시 왼쪽 이동을 해야 하고, 비논항 지정어는 왼쪽, 오른쪽 어느 쪽으로든 가능하다. 논항 지정어는 의미역자질과 파이자질을 받을 때 지정어-핵 일치에 의하여 인허조건을 만족해야 한다. 반대로 비논항 지정어는 운용자(operator) 자질이 있는지 없는지에 따라 허용되기도 하고, 금지되기도 한다. 주어진 핵이 논항자질과 비논항자질을 둘 다 받아주지 않고 하나만 받을 때가 있다. 이럴 때에는 지정어자리도 딱 하나만 존재해야 한다.

Laenzlinger(1996)는 부사적 운용자를 두 종류로 분류했다.

(74)

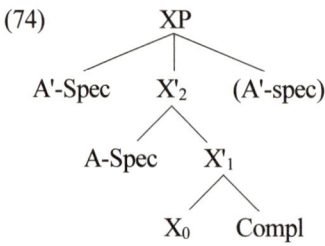

(75) Combien as-tu {rapidement, sèrieusement, courageusement} lu [t de livres de How much have-you [quickly, seriously, courageously] read [t of books of Chomsky]? Chomsky]

(76) *Combien as-tu {souvent, déjà, beaucoup} lu [t de livres de Chomsky] How much have-you {often, already, a lot} read [t of books of Chomsky]

(77) a. 질적 부사(Qualifier adverbs): 시간부사, 장소부사, 양태부사
b. 양적 부사(Quantifier adverbs): 추측부사, 부정부사, 양화부사, 초점부사

질적 부사는 비논항 흔적이 선행사지배를 방해하지 않지만, 양적 부사는

걸림돌이 된다. 이 이야기는 양적 부사는 비논항이며, 질적 부사는 논항이라는 의미이다. 그는 이러한 관찰결과를 더 밀고 나가, 질적 부사와 양적 부사의 분류를 Rizzi(1990)가 제안한 상대적 최소성(Relativized Minimality)에 집어넣고 그 개념을 바꾸었다. 다음에서 전형적 비논항이란 지정어이며, 양적 부사를 뜻한다.

(78) 상대적 최소성(Rizzi, 1990)
X는 Y를 선행사지배를 한다. 단 다음과 같은 조건을 갖춘 중간 요소 Z가 없어야 한다.
(i) Z는 Y를 위한 전형적 비논항 Spec이며 잠재적 선행사 지배자이다.
(ii) Z는 Y를 성분통어하며, X를 성분통어하지 못 한다.

이와 같이 변형된 상대적 최소성 원리를 예문 (76)에 적용하면, 왜 이것이 틀렸는지 잘 설명한다. *Combien*이 앞으로 나갈 때, 흔적을 남기고 가며, 이 흔적은 선행사지배를 요구한다. 그런데 (76)에는 *Combien*과 흔적 사이에 양적 부사가 있으므로 상대적 최소성 원리를 위반한다. 빈도부사 *souvent* (often), *déjà*(already), *beaucoup*(a lot)는 양적 부사이며 선행자 지배를 막는 걸림돌이다. (79)는 그 과정을 자세히 보여주며, *souvent*은 선행자지배를 막는다.

(79) $[_{CP}[_Q \textbf{combien}_i]$ $[_{C'}[_C \text{ as}][_{AgrSP}[_D \text{ tu}]$ ... $[_{AspP}[_{Adv} \textbf{souvent}]$ $[_{Asp'}$
··· $[_{VP}[_V \text{ lu }][_{QP} \textbf{t}_i \text{ de livres de Chomsky}]]]]]]]$

질적 부사(빨리, 진지하게, 용감하게)와 양적 부사(자주, 벌써, 많이)의 구별은 다른 곳에도 유용하게 쓰인다. (80)에 나온 부사는 질적 부사이며, 초점이동을 한다. (81)에 나온 부사는 양적 부사이며, 초점이동을 하는 게 불가능하다.

(80) a. C'est impoliment qu'il s'adressa t la Reine.
     It is rudely that he spoke to the Queen.
   b. DEMAIN nous irons t a la plage, pas aujourd'hui.
     Tomorrow we will go to the beach, not today.

(81) a. *C'est probablement que t tu as vu Marie.
     It is probably that you saw Mary.
   b. *DÉJÀ, il est t venu ici, mais seulement une fois.
     He already came here, but only one time.

이 문장들에서 두 종류의 부사, *rudely*와 *probably*를 비교해보자. 둘 다 지정어-핵 일치에 의하여 인허된다. 하지만 인허조건은 각각 다르다. 질적 부사 *rudely*는 논항처럼 자질점검을 만족시켜야 인허된다. 반대로 양적 부사 *probably*는 Adverb-Criterion을 만족시켜야 한다. 이 조건은 부수적이고 주변적 자질(의문사, 문형4), 초점, 화제)을 가진 요소들을 인허할 때 주로 필요한 조건이다.

(82) Adverb Criterion(Laenzlinger, 1996)
   F자질을 가진 부사(adverbial phrase)는 [+F] X^0와 동일한 지정어-핵 일치가 가능한 구조에 있어야 한다.

---

4) 초점보다 위에 문형(Force)을 설정한다. 문장의 종류, 즉 의문문, 평서문, 부정문과 같은 것을 규정한다.

일단 양적 부사가 점검을 받을 위치에 오면, 이미 점검이 끝난 자질을 제거하고, 그대로 그 자리에서 얼어붙는다. 이제 그 위치는 완전히 고정되고, 더 이상 움직일 수 없다. 이제 우리는 (80)은 맞고 (81)은 틀린 차이가 어디에서 오는지 간단하게 설명할 수 있다. (80)에서 질적 부사 *impoliment* (rudely)는 논항이므로 지정어-핵 일치를 받기 위하여 흔적만 남겨두고, 얼마든지 멀리 이동할 수 있다. 그러나 (81)에서 양적 부사는 흔적을 대리자로 내세우는 일이 불가능하고, 반드시 자기 자신이 직접 지정어-핵 일치를 만족시켜 주어야 한다. 그러므로 질적 부사는 that 절을 벗어나 원거리 이동이 허용되지만, 양적 부사는 그러한 이동이 금지된다.

Kayne(1994)은 지정어와 부가어로 분류하여 보는 방법을 지지하는 더 확실한 근거를 제공한다. 그가 볼 때 기존이론은 상하구조와 선형순서가 제멋대로 변할 가능성을 내포한 이론이며 일관성이 부족한 것이었다. 구절구조만 보면 저절로 무엇이 먼저 오고, 무엇이 나중에 오는지 순서가 정해지도록 개념정의를 엄격하게 할 필요가 있다. 따라서 순서가 다르면, 당연히 구조도 달라야 한다. Kayne에 의하면 상하관계를 결정짓는 관할(dominance)은 타동성(transitivity), 비대칭(anti-symmetry), 그리고 전체성(totality)을 충족시켜야 하는 개념이다. 그리고 쌍방이 성분통어를 하는 것을 허용하던 기존 개념을 수정하여, 비대칭 성분통어만 인정하였다. 비대칭 성분통어의 개념은 (83)에 나와 있다.

(83) X는 Y를 비대칭 성분통어를 하려면, X는 성분통어를 하고, Y
      는 성분통어를 못 하는 그러한 비대칭관계에 있어야 한다.

그러나 비대칭 성분통어는 마지막 조건인 전체성을 만족시키지 못 한다. 전체성을 만족시키려면 (84)와 같은 구조를 배제하는 능력이 있어야 한다.

그런데 비대칭 성분통어는 그런 능력이 없다. (84)에서 비대칭 성분통어로 모든 요소를 설명할 수 있는지 보자. <J, M>, <J, L>, <J, P>는 모두 비대칭 성분통어로 설명이 된다. 그러나 등위구조인 <M, P>는 비대칭 성분통어로 설명이 불가능하다. 이 문제에 대한 해결안으로 (84)과 같이 P를 N이라는 가상의 요소 밑에다 두면, 모든 요소를 하나도 빼놓지 않고 비대칭 성분통어로 설명할 수 있다.

Kayne(1994)은 또한 관할관계를 보면 그대로 선형순서가 그려지도록 만들었다. 그는 사상을 할 때, 전혀 순서가 바뀔 여지가 없도록 양자를 정확하게 일치시킬 것을 제안하였다.

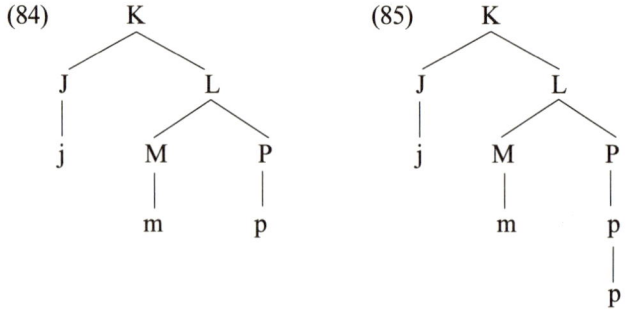

(86) 선형대응공리(Linear Correspondence Axiom)
     d(A)는 T의 순서를 그대로 반영한다.

예를 들어 다음을 보자. <J, M>, <J, N>, <J, P>, <M, P>를 보면 앞의 요소가 뒤의 요소를 비대칭 성분통어를 하는 그림이 보인다. 그리고 하나의 요소가 딱 하나만 수직적으로 관할하므로, 각각의 선형순서도 예측이 가능하다. (84)의 그림에서, J는 M보다 앞에 있고, M은 P보다 앞에 있고, J는 P보다 앞에 있는데, 이 순서는 타동사의 성질 때문에 생긴 일시적 순서이므로 양자는 모순이 아니다.

비대칭 성분통어와 LCA를 이용하면 핵-보충어 관계는 곧바로 설명이 된다. 그런데 지정어와 부가어는 논항구조에서 일단 벗어나 Q로 표시된다. Kayne의 이론체계는 지정어와 부가어의 경우를 따져보면, 관할관계가 그대로 선형순서를 반영하는 효과를 내지 못하고 좌절하고 만다. 따라서 이 문제를 보완하기 위하여, Kayne은 부분과 범주(category)라는 개념을 도입한다. 범주에는 성분통어를 적용하고, 대신 부분은 없는 것으로 무시하여 성분통어에 걸림돌이 되지 못하도록 개념을 바꾸었다. 그것이 (86)의 취지이다. 이 새로운 성분통어를 적용한다면, (85)에 있는 상하 두 개의 P 중에 아래에 있는 P는 부분이다. 이러한 부분은 빼고 생각하기로 하였으며, 이제는 걸림돌이 없기 때문에, 위에 있는 P는 Q를 성분통어한다고 볼 수 있다.

(87) X c-commands Y iff X and Y are categories and X excludes
      Y and every category that dominates Y. (Kayne, 1994)

Kayne의 주장을 따르면, 지정어와 보충어는 확실하게 나타나는 위치가 달라진다.

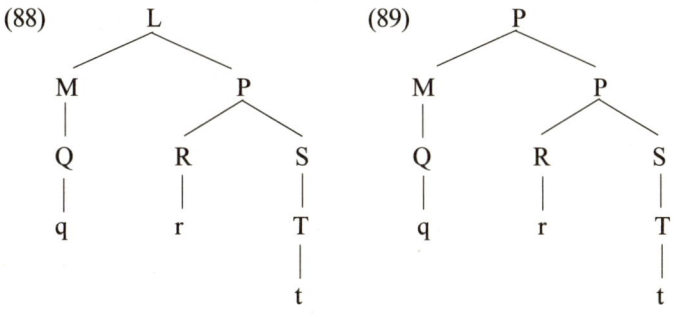

모든 지정어와 모든 보충어는 핵을 중심으로 반대편에 위치한다. 핵이 가운데 있다면 서로 반대편 가장자리에 줄줄이 매달리게 되어 있는 것이다. (90)에 그 뜻을 한 마디로 요약해 놓았다.

(90) 모든 지정어는 핵보다 앞에 오고, 모든 보충어는 핵보다 뒤에 온다.

만일 표면적으로 이와 다른 어순이 보인다면, 그것은 이동이 있다는 증거가 된다. 이러한 주장을 한 마디로 요약하자면 SVO가 된다. 그러므로 Chomsky나 Laenzlinger에서 허용하던 두 개의 지정어가 동시에 나오는 구조는 금지된다. 이제 부가는 단 한번만 가능하고, 핵이 아닌 자리를 세어보면 아무리 많아도 둘을 초과할 수 없다. 이렇게 매우 극단적으로 제약을 걸었기 때문에 그 반사효과로 눈에 보이지 않는 핵(covert head)을 설정할 필요성이 생기게 되었다. 하나보다 더 많이 얼마든지 존재하는 요소를 처리할 때 상당한 곤란을 당하게 되었기 때문에 이를 치유하기 위한 조치이다. 앞으로 이동한 요소들, 명사를 꾸미는 형용사적 표현들, 그리고 다양한 위치에 오는 부사적 표현들이 그런 조치를 요구하였다.

지금까지의 논의를 돌아보면, 어떤 요소가 핵이 아니라면, 틀림없이 지정어이든지 보충어이든지 둘 중 하나이어야 한다. 그렇다면 부사는 지정어, 아니면 보충어이다. Kayne은 양태부사를 다룰 때 Larson(1988)의 방법을 따랐다.

(91) a. ⋯ read the book carefully
      b. ⋯ [$_{V2}$] [$_{VP1}$ the book] [read] [carefully]
      c. ⋯ [$_{V2}$] [[$_{VP1}$ the book] [[t] [carefully   ]

동사 *read*의 보충어 자리에 양태부사 *carefully*가 온다. 이런 부사는 가장 좁은 VP에 속한다. 처음에는 동사를 핵으로 가운데 두고, 지정어 자리에 목적어가 오고, 보충어 자리에 양태부사가 오는 구조이다. 그러나 나중에 동사이동을 하면 순서가 바뀌어, 동사가 제일 먼저 오고, 그 다음 목적어, 그 다음 양태부사가 오는 그런 순서로 변한다.

(92)   a. Yesterday Peter danced.
       b. Never has Peter danced so well.
       c. * Never Peter has danced so well.
       d. *Yesterday did Peter dance.

문장부사는 문장의 핵(IP)을 중심으로 지정어 자리에 온다. 이 때 문장부사는 IP에 직접 부가된 것이 아니다. 가상의 핵을 하나 설정하고, 그 지정어 자리로 문장부사가 이동한다. 이런 대치는 어떤 도치도 유발하지 않는다. 따라서 (92d)와 같은 문장은 틀린다. 이에 비하여, *never*는 동사(VP)를 중심으로 지정어자리에 온다. 따라서 *never*가 앞으로 이동하면 (92b)처럼 주어와 술어의 도치가 일어난다. 핵을 중심으로 좌우에 지정어와 보충어를 붙이고 다른 순서는 이동으로 설명하는 방식은 이런 대목에서 설득력을 획득한다. *Never*만 이동하고, 조동사 *have*의 이동은 없는 문장이 틀리는 이유를 Kayne은 어떻게 설명하는가? *Never*는 영향 운용자(Affective operator)이며, 이런 요소는 그 핵이 Be동사나 조동사로 채워지기를 요구한다. 원래위치에 있으면 *never-have*로 그 조건을 만족했을 것이며, 이동하면 덩달아 *have*도 같이 움직여야 그 조건을 만족시킬 수 있다. 만일 단독으로 *never*만 움직이면 그런 표현은 영향운용자의 속성에 어긋나게 된다.

최근에 Cinque(1999) 또는 Alexiadou(1997)의 연구가 두각을 나타내면

서, 그 후광효과로 Kayne의 주장이 더욱 빛을 발하고 있다. 부사를 지정어로 보고, 지정어자리는 언제나 유일하다고 보는 그의 입장은 강한 지원을 받고 있다. 최소주의 모델과 함께 비대칭 선형구조를 채택한 점은 둘 다 동일하다. 따라서 모든 부사들은 한 줄로 늘어서서 순서대로 지정어 위치를 부여받게 된다. 매번 핵이 달라지며, 그 핵은 가공의 핵이어도 좋다. 핵마다 지정어 위치는 하나이기 때문이다.

Cinque(1999)와 Alexiadou(1997)의 차이는 무엇인가? Cinque(1999)는 항상 모든 부사를 지정어로 본다. 부사가 붙는 핵은 항상 기능적 핵이며 지정어-핵 일치에 의하여 인허된다. 그러나 Alexiadou(1997)는 부사를 두 종류로 나눈다. 그에 의하면 부사는 지정어에 해당하는 부사가 있고, 보충어에 해당하는 부사가 있다. 둘은 그 행동도 매우 다르다.

지정어 유형의 부사는 구조적으로 마련된 유일한 지정어로 이동하며, 지정어-핵 일치에 의해 인허된다. 반면에 보충어 유형의 부사는 형태적으로 마련된 고정지정어로 이동한다. 그것을 인허하는 방법은 동사와 양태부사를 통합하여 새로운 복합동사를 만드는 포합(incorporation)이다.

2.2.1 유일한 지정어로 부사인허

Cinque(1999)는 모든 부사가 엄격한 선형구조를 가진다는 가설을 받아들인다. 그는 부사마다 일정한 자리가 있다는 고정지정어가설을 세운다. 비대칭이론에 의하면 (93)과 같이 부사의 순서는 마음대로 바꿀 수 없다. 만일 순서를 어기고 제멋대로 부사를 사용하면 (94)처럼 틀린 문장이 생성된다.

    (93) frankly> fortunately> allegedly> probably> once> perhaps> possibly> usually> again> often> already> no longer>

always> soon> briefly> almost> completely> well

(94) a. Honestly, she's probably a bit too nosy. (*probably> honestly)

b. John would obviously have carefully planned his next move. (*carefully> obviously)

c. They have probably long abandoned it. (*long> probably)

d. He foolishly may again have been trying to stay up late. (*again> foolishly)

e. She has since already bought five hats. (*already> since)

f. He often could no longer remember his PIN. (*no longer> often)

g. They no longer could always afford a baby sitter. (*always> no longer)

h. Martians always briefly address the Senate. (*briefly> always)

I. He recently almost choked on a cookie. (*almost> recently)

j. He always snores loudly. (*loudly> always)

부사는 기능범주를 핵으로 하며 지정어자리에 온다. 그리고 모든 기능범주는 항상 지정어를 하나만 가진다. 필요한 조건은 두 가지이다. 부사는 매우 다양한 종류가 있기 때문에 이 모든 것을 수용할 기능범주가 아주 많아야 한다. 동시에 각각의 부사무리에서 대표적 의미를 지닌 부사가 이동할 고정지정어 자리가 필요하다. 이러한 조건을 받아들이면, 지정어-핵 일치로 대부분의 부사현상을 포착할 수 있다.

200개 언어를 두루 살펴보고, 다양한 부사적 현상들, 즉, 문장을 수식하는 기능적 핵들을 조사한 다음, Cinque(1999)는 기능범주의 상하구조가 있다고 제안하였다. 모든 기능적 핵은 그것의 지정어자리를 차지한 부사와 유일한 관계, 투명한 관계, 의미적 관계를 맺고 있다고 그는 본다. Chomsky와 Cinque의 차이점은 무엇인가? Chomsky는 최소주의에서 배번집합에서 먼저 어휘항목(어휘적 핵이나 지정어)을 선정하고, 그에 따라 2차적 효과로 기능적 핵이 정해진다고 본다. 그러나 Cinque는 기능적 범주의 상하구조는 어휘항목에 의존하지 않고 독자적으로 존재한다. 그리고 이런 현상은 모든 언어에서 항상 나타나며, 인간언어에서 보편적으로 나타나는 현상이다.

(95)   기능적 핵   기본 값   유표 값

$Mood_{speech\ act}$	declarative	-declarative
$Mood_{evidential}$	direct evidence	-direct evidence
$Mood_{epsitemic}$	commitment	-commitment

핵이 있는 자리에 아무런 어휘적 내용물이 없고 비어있다면 저절로 기본 값이 주어진다. 반면에, 그 자리가 어휘적 요소로 채워지면, 유표적 값이 주어진다. 지정어는 기능적 핵의 기본적 값과 유표적 값에 각각 대응한다. 그러므로 영어에서 말투를 뜻하는 부사(speech act adverb: frankly, bluntly)는 서술문인 경우에만 쓰인다. 그런가하면 추측의 부사(epistemic adverb: probably, possibly)는 기능적 핵, $Mood_{epistemic}$에 유표적 값을 부여한 경우에 나타난다. 그러므로 그들이 사용가능한 문장의 종류는 제한된다.

다음 문장은 부사의 사용이 잘못된 경우이다.

(96)   a. She frankly enjoyed the extra publicity.
       b. *Did she frankly enjoy the extra publicity?

(97) a. He probably drank the clubhouse dry.

It is probably true that he drank the clubhouse dry.

(96)은 화자의 태도를 뜻하는 상위서열 부사 *frankly*는 명시적 서술문에만 붙을 수 있다는 것을 보여준다. 반면에 (97)에서 *probably*는 문장 전체의 진위를 따지는 IP 부사이며 원거리이동을 선택적으로 한다. 이와 같이 부사는 각각 그 용도와 서열이 있고, 그에 따라 상당한 제약을 받는다.

일반적으로 매개변항이 변하면 어순이 변한다. 최소주의에서는 이러한 변이현상을 설명하기 위하여 문자화를 여러 번 적용하는 방식을 채택한다. Cinque는 부사의 어순이 모든 언어에서 보편적으로 단일하다고 보았다. 그런데, 이 어순은 기저위치에서 일정하다는 말이고, 실제로는 여러 가지 작용과 이동에 의하여 자유롭게 변화하는 것이 부사의 특징이다.

(98) 부사의 위치는 다음과 같이 영향을 받는다.

a. 수식어가 많이 달린 무거운 부사구(수식을 받는 요소, 대등 구가 따라오는 요소, 초점을 받는 요소)가 있으면 위치이동 을 하는 경향이 있다.

b. 부사구가 두 개이면, 아래 부사구를 의문사이동으로 움직이 면 두 부사구의 위치가 뒤바뀐다.

c. 부사구를 포함한 의미단위는 자유롭게 이동한다.

d. 완전히 똑같은 부사구가 전혀 다른 두 개의 위치에서 기저생 성이 가능하다.

e. 어떤 부사구는 다른 부사구에 초점을 부여하는 기능을 한다. 그런데 초점을 주는 자와 초점을 받는 자는 하나의 위치에 있으면 안 되고, 서로 구별되는 위치에 있어야 한다.

f. 어떤 부사는 있어도 좋고 없어도 좋은 선택적 요소로 존재한다.

아래 예문 (99)는 실제로 처음에는 *loudly*가 먼저 오고, *again*이 나중에
오는 순서이던 것이 수식어가 많아서 길이가 점점 길어지면 무거운 부사가
되고 문미의 자리를 선호하게 된다.

(99) a. Laura blew her nose loudly again.
     b. Laura blew her nose again so extremely loudly that he
       woke up.
     c. Laura blew her nose again loudly and obscenely.
     d. Laura blew her nose again LOUDLY.

의문사이동 때문에 순서가 변한 경우는 다음 (100)이 보여준다.

(100) a. He always carefully cleans his glasses.
     b. How carefully does he always clean his glasses?

(98c)의 경우를 대표하는 것이 (101)이다. *sempre I nostri inviti*(always
our invitations)라는 의미단위는 빈도부사 *sempre*(always)를 포함하면서,
그보다 높은 서열의 부사 *mica piu*(no longer)를 가로질러 맨 앞으로 이동한
다.

(101) a. Da allora, non accetta **mica piu** {**sempre** I nostri inviti].
       "Since then, he doesn't any longer always accept our
       invitations."
     b. Da allora, non accetta [**sempre** I nostri inviti} **mica piu**.
       "Since then, he doesn't always accept our invitations not
       any longer."

원래 정해진 부사의 서열을 무시하고, (101b)처럼 이동하는 것은 어떻게 설명이 가능한가? *sempre*만 이동한 것으로 보면 설명이 불가능하지만, 그 부사와 뒤에 오는 요소 ~ *nostri inviti*까지 그 전체가 이동한 것으로 본다면 설명이 가능하다.

(98d)의 경우를 대표하는 것이 (102)이다. 완전히 동일한 하나의 부사구가 완전히 다른 위치를 차지하며, 전혀 다른 의미로 해석이 된다.

(102) a. Marvin sliced all the bagels carefully.
　　　 b. Marvin carefully sliced all the bagels.
　　　 c. John has been answering their questions cleverly.
　　　 d. John has been cleverly answering their questions.

(102a)에서 *carefully*는 빵을 썬다는 동작을 수식하는 말이고, (102b)에서 *carefully*는 빵 써는 사건 전체를 수식하는 말이다. 후자인 경우에는 주어의 태도를 의미한다. *cleverly*도 똑같은 차이를 보여준다. 뒤에 오면 동작을 꾸미는 부사이고, 앞에 오면 주어의 태도가 그렇다는 말이다. 겉보기에는 하나로 보이지만 실제로는 두 개의 다른 부사라는 것은 한 문장에서 동시에 둘 다 쓰일 수 있다는 것으로 증명된다.

(103) a. Marvin carefully sliced all the bagels carefully.
　　　 b. John cleverly has answered their questions cleverly.

(98e)를 대표하는 문장은 (104)이다. 초점부사는 그 다음에 오는 구성요소를 그 영향권 안에 둔다.

(104) **Even** Mary was available.

초점부사는 초점이동에 의하여 문장 맨 앞에 오는 경우도 있다. 그러나 더욱 흥미로운 것은 초점부사가 동사와 목적어 사이에 오는 경우가 있다는 점이다. 초점부사가 그를 뒤따르는 요소와 붙어 이미 하나의 단어로 재창조 되었다고 보면, 이런 현상을 금방 납득할 수 있다.

(105) He has drunk **already seven beers**.

(98f)를 대표하는 문장은 (106)이다.

(106) a. Da allora, non e piu, purtroppo, venuto a trovarci.
"Since then, he has no longer, unfortunately, come to
visit us."
b. Riusciro a leggere tutto, forse, per la prossima settimana.
"I will manage to read everything, perhaps, for the next
week."

지금까지 논의를 요약하면, 부사는 원래 위치가 항상 일정하며 변함이 없다. 다만 6가지 경우에는 기저위치와 다른 곳에 부사가 나타난다. 그런 경우에는 이동에 의해 영향을 받은 결과물, 즉 파생적 현상이든지, 아니면 **병합**에 의하여 새로 만들어진 위치이다.

이제 파생적 부사의 위치까지 집어넣어서, 모든 부사의 위치를 정리하면 다음과 같다.

(107) 의문사 이동을 하는 부사> 문장부사> VP 부사> 주어 DP> 선
택적 요소인 문장부사> 동사 V> 보충어> 장소, 시간, 양태부사>
수식어가 달린, 대등구가 달린, 초점이 달린 무거운 VP 부사

이제 Alexiadou(1997)의 분석을 살펴보자. 그의 연구는 현대 그리스어
를 바탕으로 이루어진 것이다. Cinque와 비교하면 크게 두 가지 다른 점이
있다. 첫째, 부사는 항상 지정어라고 보지 않는다. 둘째, 부사를 인허할 때 두
가지 방법을 쓴다. 하나는 지정어로 인허하는 방법이고, 또 다른 인허방법은
포합으로 인허하는 것이다.

특히, 동사와 가장 밀접한 관계를 가진 양태부사를 분석할 때 Cinque는
VP 바깥으로 분리시킬 수 있는 요소로 보고, 얼마든지 이동하는 요소로 본
다. 반대로 Alexiadou는 동사의 의미를 완성시키는 필수요소로 보아, 양태부
사를 VP의 내부에 존재하는 보충어로 분석한다. 양태부사를 보충어로 보는
가장 중요한 이유는 그것이 동사의 어휘적 요소에 매우 의존적인 행동을 보
이기 때문이다.

(108) a. But it would be hard to ruin this part of the glen
completely.
b. *But it would be hard to ruin completely.
c. They surrounded the house completely.
d. *They surrounded completely.

*yesterday*와 같은 시간부사도 동사에 밀접한 보충어로 보는 근거는 의미
적 선택제약을 준수하기 때문이다. 동작동사에는 *yesterday*가 허용되지만,
상태동사에는 *yesterday*를 쓸 수 없다.

(109) a. John bought the car yesterday.

b. *The doctors were altruistic yesterday.

시간부사가 목적어나 보충어와 같은 점은 또 있다. 마치 목적어가 그러하듯이 시간부사도 교차효과(crossover effect: bound pronoun을 건널 수 없다는 현상)를 보여주고, 의문사이동을 할 때에는 Wh-섬 위반효과도 보여준다.

(110) a. *Who does her husband beat t?

b. *Which day did you read a poem about its sunset?

c. ?Who do you wonder whether she will invite t?

d. ?When do you wonder whether she will arrive t?

Alexiadou(1997)는 모든 부사 중에서 동사와 가장 가까이 있는 부사는 양태부사라는 Larson(1985)의 의견에 찬성하고 있다. 제일 중요한 근거는 양태부사만이 VP와 함께 앞으로 이동이 가능하다. talk fast still(여전히 말이 빠르다)에 해당하는 스페인어, *hablar deprisa todavia*를 보면, talk fast 에 해당하는 *hablar deprisa*는 통째로 초점을 받아 문장 맨 앞에 두는 것이 허용된다. 그러나 만일 VP와 아무 상관도 없는 빈도부사, 또는 추측부사도 함께 이동하면 틀린 문장이 나온다. 예를 들면, *hablar deprisa todavia* 라는 구성요소 전체를 문장 맨 앞에 두면 그 문장은 잘못된 문장이 된다.

둘째, 시제 핵을 꾸미는 빈도부사, 추측부사는 항상 양태부사보다 먼저 온다.

셋째, 양태부사는 어휘동사와 합하여 새로운 복합동사로 재탄생이 가능하다.

포합이라는 형태적 작용은 본래 동사와 목적어처럼 가장 밀접한 관계에서만 허용되므로, 양태부사는 목적어처럼 동사와 의미상 밀접한 요소임이 증명된다. 주어 주변요소는 절대 형태적으로 하나의 단어로 병합시킬 수 없지만, 동사와 목적어, 동사와 양태부사, 동사와 시간부사는 하나의 단어로 재창조가 가능하다. 대표적인 사례가 *behave well*이며, *well-behaved*가 얼마든지 가능하다.

그렇다면 양태부사의 인허조건은 무엇인가? 가상의 핵이 필요하므로 VoiceP를 핵으로 설정하고, 그 지정어자리로 부사가 이동하면 인허조건을 만족한 것으로 본다.5) 이 때 부사의 이동은 눈에 보이는 외현적 이동이다. 그러나 실제로 단순한 형태의 양태부사만이 그런 이동이 가능하고 복잡하고 무거운 형태의 양태부사는 그런 이동이 불가능하다. 다시 말하면 아무리 양태부사라도 구조적으로 무겁거나, 음운적으로 길고 무겁다면, 그냥 제자리에 남아야 하며, 앞으로 이동할 수 없다.

이제 요약하면 다음과 같다. 양태부사는 인허를 위해 외현적 이동을 한다. 단순하고 가벼운 형태이면 반드시 이동해야 한다. 만일 무겁고 복잡한 형태이면 원래 위치에 그대로 남아 인허를 받는다. 문장을 구성하는 내용물에서 동사구는 신정보이므로 초점을 받는다. 단순하고 가벼운 형태의 양태부사는 초점을 받지 않기 때문에 이질적인 요소이며, 그런 의미에서도 초점단위를 이루는 동사구를 떠나 이동해야 한다. 그러므로 가벼운 형태의 양태부사가 외현적 이동을 하는 것은 선택이 아니라 필수이다.

동사 앞에 양태부사가 나타난 (111)는 외현적 이동의 결과물이 아니고, 부사가 어휘동사와 결합하여 새로운 복합동사로 재창조된 결과물이다.

---

5) 능동태, 수동태를 정할 때 Voice라고 한다. 이 경우에는 양태부사의 핵으로 Voice의 XP를 설정한 것이다.

(111) a. Kalo-efaga(well-ate) ISG

"I ate well"

b. Gorgo-petaksa

fast-flew-ISG

"I flew fast"

Alexiadou(1977)는 부사병합이 두 가지 목적을 충족시킨다고 말한다. 하나는 PF 위반을 막아주는 효과가 있다. 부사와 동사가 복합동사로 포합하려면, 부사가 움직이면서 보충어자리를 비우는 효과를 낳는다. 그러면 Kayne의 LCA를 저절로 만족시키는 부수적 효과를 낳는다. 따라서 PF에서 파탄이 날 위험성을 제거한다. 다른 목적은 병합 후에는 동사의 의미적 자질이 부사를 인허하게 되는 효과가 있다.

이제 다음과 같이 Alexiadou의 입장을 정리해보자.

(112) 인허조건

부사는 지정어자리로 이동한 다음, 지정어-핵 일치 인허조건을
만족하든지, 양태부사의 경우처럼 부사와 동사의 포합이라는
인허조건을 만족해야 올바른 도출이다.

만일 부사가 동사보다 선행하면, 지정어-핵 인허조건을 따라 인허된다고 본다. 만일 부사가 동사보다 후행하면, 그 부사는 무겁다고 보고, 그냥 제자리에서 인허된다고 보면 설명이 된다. Alexiadou의 연구에서 특히 눈에 띄는 대목은 시간부사를 내재적 자질이 있는 경우와 없는 경우로 분류하여 둘로 쪼개 다루었다는 점이다. 시제에도 시간자질이 있고 시간부사에도 시간자질이 있다. *yesterday, tomorrow* 같은 시간부사는 [+PAST, -PAST]와 같은 자질을 이미 의미상으로 가지고 있기 때문에 내재적 표시(inherent marking)

가 있다고 본다. 반면에 *Sunday*와 같이 현재와 과거와 미래에 다 쓰이는 중립적 시간부사는 그런 표지가 없다.

(113) a. *They yesterday /then left t.
　　　b. *They will tomorrow/then leave t.

　　만일 여기에서 시간부사가 문장 전체의 지정어자리로 이동이 가능하다면, 이 문장은 틀릴 리가 없다. 따라서 왜 이런 경우에 이동이 불가능한지를 설명해야 한다. 시간부사는 매우 제한적으로 이동을 허락받는데, 그 부사가 동사의 의미해석에 결정적으로 중요한 경우에만 외현적 이동이 가능하다는 게 Alexiadou의 해답이다. (114)의 시간부사는 별로 동사에게 중요한 의미를 가지고 있지 않고, 따라서 이동이 일어나지 않는다. 마찬가지로 동사와 병합도 불가능하다. 병합은 매우 단순하고 의미도 복합어처럼 딱 통하는 경우에만 제한적으로 적용된다. best describe는 병합이 가능하지만, 별로 의미적 밀접성이 없는 경우, 또는 복잡한 구조를 가진 부사의 경우에는 병합이 불가능하다.

　　Cinque(1999)와 Alexiadou(1997)의 구조적 분석은 부가분석보다 훨씬 우월하다. 부사의 위치를 어디로 설정해야 할지, 또한 부사를 어떻게 인허해야 하는지에 대하여 명확하고 매우 제한적 분석방법을 제공한다. 이들은 주로 지정어를 활용한 인허조건을 사용하며, 병합은 매우 부수적이다. 지정어 분석은 단출하여 좋기는 하지만, 다른 측면에서 보면 새로운 문제점을 야기한다.

(114) ... [Voice eF [Adv$_{manner}$]j [Voice′ VOICE[VP DP [V[V][Adv tj]]]]] ...

(115)

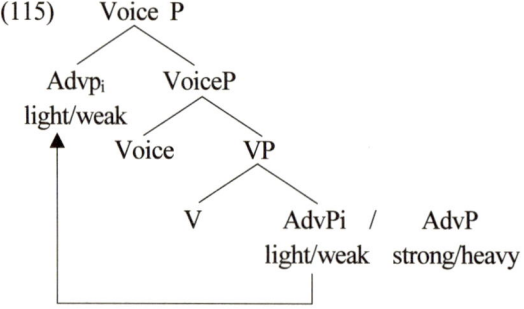

(116)

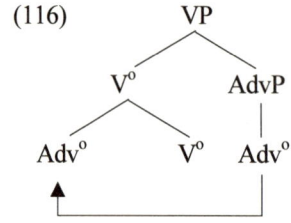

(117)

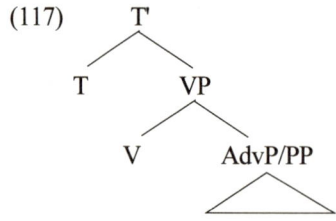

a. [+FAST]   left   {yesterday[+FAST]/*tomorrow[-FAST]/then[±FAST]}
b. will[-FAST] leave {*yesterday[+FAST]/tomorrow[-FAST]/then[±FAST]}

2.2.2. 지정어분석의 문제점

지정어분석에 반대하는 근거는 다음과 같다. 부사의 다양한 위치, 동사선행 부사의 위치교대현상, 부사가 PP보다 앞에 오는 현상, 부사중첩(adverb stacking), 부사대등구, 가장자리효과(edge effects), 이렇게 6가지 특징은 지정어분석으로 설명하기 힘들다. 다음 예문은 이미 언급한 순서대로 나열된 대표적 사례이다.

(118) a. She will cleverly have been avoiding him.
      b. She will have cleverly been avoiding him.

(119) a. She cleverly has often been drinking pineapple juice.
      b. She may have often been cleverly avoiding encounters with aliens.

(120) a. He handed the napkin secretly to her.
      b. *He handed secretly her the napkin.

(121) a. *Joe has recently foolishly dyed his hair.
      b. The current owner has recently and lovingly restored it.

(122) a. *He [subtly enough to be made out a loony] started talking gently about love.
      b. *He [so clumsily that he burnt his nose] lit a cigarette.

부사의 특징은 의미변화도 없이 다양한 위치에 온다는 점이다. 그런데 위치가 다르면 항상 의미가 다르거나, 위치가 같으면 항상 의미가 같거나 하면 깔끔하게 설명이 되지만, 유감스럽게도 그렇지 않다는 게 문제이다. (118)의 *cleverly*는 위치에 상관없이 의미가 같다.

다음 예문을 보자. 여기에서 주어의 태도를 뜻하는 부사 *cleverly*와 빈도부사 *frequently*가 서로 다른 의미를 가지고 있지만, 그 위치는 같다는 것을 보여준다. 게다가, 태도부사 *cleverly*는 어디에 오든 동일한 의미를 계속 유지하고 있다. 마찬가지로, 빈도부사 *frequently*도 다양한 자리로 위치이동을 허용하지만, 의미는 그대로 변함이 없다.

(123) a. Cleverly she (cleverly) will (cleverly) have (cleverly) been (cleverly) avoiding him.
　　　b. Frequently she (frequently) has (frequently) been (frequently) talking to strangers.

지정어분석을 통해 부사가 어떻게 인허되는지 생각해보자. 문장 맨 앞에 나온 부사는 아무 문제가 없다. 그냥 지정어자리에 있으므로 당연히 인허된다. 주어와 동사의 중간에 끼어있는 부사는 어떻게 인허되는가? 주어 *She*와 동사구 *will have* 사이에 오는 부사 *cleverly*는 가상의 핵 Mod(modality)P$_{ability}$를 설정하고 그 지정어자리에 오는 것으로 보면 된다. 그러나 이러한 분석은 두 가지 문제점을 낳는다. 실제로는 그런 문장이 생성될 수 없다. 왜냐하면 조동사(modal verb)는 cleverly보다 선행하며, 절대 후행하지 않는다. 따라서 부사는 조동사보다 뒤에 오고, 어휘동사보다 앞에 온다. 그런 성질 때문에 AGR을 둘로 쪼개고, 조동사인 경우에는 더 상위 핵인 AGR$_s$로 이동해야 한다는 가설이 필요한 것이다.

(124) She'll cleverly have been avoiding this topic.

이 문장에서 *will*은 AGR에 있고 *cleverly*는 MODP의 지정어자리에 있기 때문에 인허조건을 만족한다.

둘째 문제는 동사보다 뒤에 오는 경우 *cleverly*의 위치를 설명하기가 힘들다는 점이다. 모든 이동은 위로 움직이는 상향이동이다. 따라서 *cleverly*를 아래로 움직이지 말고, 동사가 위로 움직인다고 보면 동사보다 후행하는 부사를 설명하는 성과를 얻는다.

(125) a. will cleverly have
b. will have cleverly
c. will have been cleverly

(125a)는 어떤 과정을 거치면 생성되는가? 조동사 *will*이 T에서 AGRs로 이동하면 생성된다. (125b)는 동사 *have*를 조동사 *will*이 있는 자리 T로 이동시키면 얻어진다.

(125c)는 분사 *been*을 동사가 있는 자리 T로 이동시키면 얻어진다. 결과만 보면 그럴싸하지만, 이런 방식은 곤란하다. 왜냐하면 동사이동이 선택적으로 적용된다는 점이 문제이며, 또 다른 문제는 그런 식이라면 다음 문장도 좋은 문장이어야 하는데, 실제로는 그렇지 않기 때문이다.

(126) a. *[Will have] she t cleverly t avoided this topic?
b. *[Will have been] she t cleverly t avoided this topic?

조동사는 어디로 움직인 것인가? 맨 꼭대기에 AGRs를 두고, 그 다음에 가공의 기능적 핵을 설정하고, 그 다음에 조동사가 위치할 자리 Mod P를 둔다면, 모든 어순을 다 설명할 수 있다. 그러나 역시 치명적 문제점을 안고 있다. 조동사 *will have*가 이동을 하고 안 하고를 마음대로 하는 선택적 성질(optionality)을 가지게 된다는 잘못된 일이 벌어진다. 게다가 (126b)와 같은 어순은 핵이동제약(Head Movement Constraint)을 어긴다. 왜냐하면 조동사 *have*가 가공의 핵인 Mood를 건너 이동하게 되기 때문이다. 그럼에도 불구하고 그 문장을 버리지 않고 그냥 용인하므로 문제가 된다. (126c)의 표현은 핵이동을 금지하는 제약조건을 수차 어긴다. 왜냐하면 *have*는 조동사의 핵을 가로지르고, *been*은 조동사의 핵과 어휘동사의 핵을 가로지르기 때문이다. 따라서 지정어 분석방법은 부사의 다양한 위치에 대한 명확한 설명을 제공하지 못 한다.

이제 둘째 문제점을 보면, 두 개의 부사가 서로 위치 바꿈을 하는 경우가 있다.

(127) a. He wisely has frequently gone there on Sunday.

      b. He suddenly was frequently (being) rejected by publishers.

      c. He frequently was wisely (being) rejected by publishers.

      d. He frequently was suddenly (being) rejected by publishers.

부사 *frequently*는 양태부사 *suddenly*보다 상위에 있다. 따라서 앞의 두 문장은 틀리고, 뒤의 두 문장은 맞다. 그런데 틀린 문장을 설명하기 위하여 지정어분석을 쓰자면, 가공의 핵을 설정해야 하고, 그 핵은 동사도 받아주고, 부사도 받아주어야 한다는 치명적 문제를 낳게 된다. 문제를 없애려고 설명을 하다 새로운 문제를 또 만들게 된다.

다음은 양태부사가 나온 문장이다.

(128) a. He handed the napkin secretly to her.

      b. They insisted aggressively on his arrest.

어휘동사는 외현적 이동을 안 한다. Cinque(1999)와 Laenzlinger(1996)

는 양태부사를 지정어로 보며, Alexiadou(1997)는 양태부사를 보충어로 본다. 그런데 (128)에서 양태부사가 왜 이 자리에 오는지 설명하기 힘든 것은 어느 쪽이든 마찬가지이다.

외치(Extraposition)를 이용하여 어순을 설명하는 방법이 있기는 하다. 원래 문장은 *He handed the napkin to her secretly*라는 어순이었다고 보고, 전치사구 *to her*가 외치에 의해 뒤로 이동하였다고 보는 것이다. 외치의 성격은 무엇인가? 일단 외치를 한 단위는 하나의 섬처럼 단단하게 굳어지므로, 절대 그 하위요소가 이동하는 것을 허용하지 아니한다. 그런데, 그런 일이 실제로 일어난다. 따라서 외치를 가지고 (128)의 어순을 설명하는 것은 잘못이다.[6]

(129) a. Who did he hand the napkin secretly to t?
      b. What did they insist aggressively on t?

이 문장들은 옳다. 이동을 허용하면 섬이 아니며, 따라서 PP는 외치에 의하여 자리를 잡은 것이 아니다. 이 자리는 기저위치이다. 그러므로 단순히 지정어 이동만 따를 경우, 이런 현상에 대한 해결책은 없다.

문두에서, 또는 문미에서 부사는 무제한으로 많이 올 수 있다. 이를 부사 중첩이라고 이름을 붙이자. 부사를 받아주는 자리는 아주 많다. Costa(2000)는 아무 때에나 그런 현상이 일어나는 것이 아니며, 부사중첩과 어휘동사는 불가분의 관계라고 보았다. 다음 문장을 보면, *carefully, nicely, well*이 순서대로 사용되었다. 그리고 동사는 어휘적이며, *carefully had, nicely read*

---

6) 따라서 이런 경우, 전치사 PP는 기저위치에 그대로 머물러 있고, 양태부사가 이동하여 어순변화가 일어난 것으로 보는 게 합당하다. 그러기 위해서는 양태부사의 이동을 허용하는 Cinque의 입장을 따라야 한다.

*well*에서 보듯이 *have*, 또는 *read*이다.

모든 조건을 만족하지만 그럼에도 불구하고 (130b)는 틀린다. 난감하게도 그 문장이 왜 틀린 문장인지 그 이유를 설명할 수가 없다.

> (130) a. *O Paulo **cuidadosamente** tinha **simpaticamente** lido **bem** o livro à avó.*
> "Paulo carefully had nicely read well the book to the grandmother"
>
> b. **O Paulo leu **cuidadosamente simpaticamente bem** o livro à avó.*
> "Paulo read carefully nicely read well the book to the grandmother" (Costa 2000:20f)

게다가, carefully and nicely와 같은 대등구도 가능하다. 지정어분석에 의하면 서로 다른 지정어를 차지하는 부사는 서로 다른 의미를 가지기 때문에 절대 대등표현을 이룰 수 없다. 그러므로 (131)이 올바른 문장이라는 사실은 지정어분석에게는 불리한 일이다.

> (131) *O Paulo leu **bem**, **cuidadosamente** e **simpaticamente** o livro à avó.*
> "Paulo read well carefully and nicely the book to the grandmother" (Costa 2000)

그리고 대등어로 묶인 부사들은 언제든지 순서를 자유롭게 바꾸며, 그래도 아무 탈이 없다.

(132) a. *O Paulo lê **frequentemente e simpaticamente** o livro à avó.*

"Paulo reads often and nicely the book to the grandmother"

b. *O Paulo lê **simpaticamente e frequentemente** o livro à avó.*

"Paulo reads often and nicely the book to the grandmother"

(Costa 2000)

이러한 대등부사현상과 비슷하게, 부사가 무리를 지어 행동하는 현상도 지정어분석에 대하여 의문을 품게 만든다.

(133) [*Letztes Jahr im Juni an einem Sonntag in der küche*
last   year in June on   a   Sunday in the kitchen
kurz   vor   Mittag neben dem Tisch auf dem Boden
shortly before noon beside the table on the floor
unter einem Tuch] fand er es.
under a   cloth found he It
"He found it last year in June on a Sunday in the kitchen shortly before noon beside the table on the floor under a cloth"

문두에 줄줄이 나타나는 부사구, 또는 문미에 나타나는 부사구는 전체 문장 CP의 지정어자리에 위치한다는 점은 명백하다. 그런데 여기서 문제가 되는 대목은 그 내부구조가 선명하지 않다는 점이다. 가령, last year in June on a Sunday in the kitchen shortly before noon beside the table on the floor under a cloth와 같이 엄청나게 긴 부사표현을 사용할 수 있다. 지정어

-핵-보충어의 단순한 구조만 가지고, 이러한 장문의 부사의 나열을 구조적으로 설명하기란 곤란하다.

마지막으로 Haider(2000)의 가장자리효과가 있다. 가장자리효과는 부사가 다음과 같은 위치에 오는 것을 금한다.

(134) a. He has carefully (*than anybody else) analyzed it.
      b. He has often (*than I thought) rehearsed it.

(135) a. How much stronger (than gravity) is electromagnetism?
      b. Fewer students (than we counted three or five years ago)
         turn up now in the emergency room.

(134)과 (135)를 비교하면, 어떤 차이가 있는가? (135)는 의문사이든지 주어이므로 그 문장의 가장자리에 온다. 그럴 때에는 *than~* 부사구가 따라붙는 것을 허용한다. 반대로 가장자리효과를 볼 수 없는 중간위치에 있는 요소에 부사구가 붙으면 그 문장은 틀린 문장이다. (134)처럼 동사 앞에 오는 부사도 지정어자리에 있다고 보는 지정어 분석방법에 의하면 이러한 차이를 설명할 수 없다.

2.2.3 요약

최소주의와 비대칭선형구조를 찬성하면서, 부사를 연구하는 입장에서는 대체로 지정어분석을 택한다. 그러나 인허조건이 말끔히 해결되지는 않고 부분적으로 문제가 남아있다. 모든 부사가 지정어에 있는 게 아니기 때문이다. 일부이기는 하지만, 분명히 기저생성된 부사가 있다. 그런 경우에는 절대 지정어로 보면 설명이 안 되는 다양한 현상을 보여준다. 그렇다면 그 기저위치

란 어디인가? 기저위치란 부가에 의한 자리(adjoined position)라고 보아야
한다. 논항자리가 기저위치인 것처럼 비논항자리인 부가자리도 기저위치이
다. Laenzlinger(1996)는 지정어는 논항자리, 부가어는 비논항자리라는 분류
를 받아들이고, 부사에 기저위치를 부여할 뿐 아니라, 새로 지명된 가공의 기
능적 핵(designated functional head)을 가진 부사를 지정어-핵 일치에 의하
여 인허하는 것도 허용한다. 그러나 그의 잘못은 비논항인 부가자리임에도
불구하고, 양쪽에 지정어를 붙일 수 있다고 본 것이다. 차라리 Kayne(1994)
처럼 지정어는 항상 유일하며 왼쪽 부가만 인정하는 것이 좋다.

Cinque(1999)와 Alexiadou(1997)는 둘 다 구조적 위치가 의미를 결정
한다는 입장을 취하고 있다. Cinque(1999)를 한 마디로 줄이면 지정어 병합
(merge in spec)에 대한 제안이며, 이에 비해 Alexiadou(1997)를 줄이면 지
정어 병합 또는 지정어 상승(raising to spec)이다. 전통적 방법과 비교해볼
때, 지정어분석(Specifier analysis)이 더 낫다고 볼만한 대목은 그 제한성에
있다. 부사는 두 종류가 있고 그에 따라 인허조건도 둘이다. 두 조건은 서로
상호보완적으로 기능한다. 부가위치에서 기저생성된 부사는 고정지정어
(designated specifier)에 병합되어 인허조건을 만족시키고, 그렇지 않은 부
사는 지정어로 상승(raise to spec)을 한 다음, 지정어-핵 일치라는 인허조건
을 만족시킨다.

지정어분석에 비판적인 입장에서 보면 커다란 문제가 두 개 있다. 하나
는 너무 구조에만 치중하여, 의미차이를 무시한다는 것이다. 다른 하나는 앞
에서 제시한 바와 같이 매우 다양하고 유연성이 넘치는 부사의 위치를 제대
로 설명하기 힘들다는 점이다.

이제 의미를 중심으로 부사를 연구하는 입장도 보기로 하자. 세부적으로
들여다보면 3가지 종류가 있다. 그것들은 모두 작용역(semantic scope)을 중
심으로 부사의 특징을 설명하려고 한다.

2.3 의미적 작용역

의미를 중심으로 부사의 어순과 위치를 정하려는 이론으로는 Frey &
Pittner(1998), Haider(2000, 2004), 그리고 Ernst(2002, 2004)가 있다. 논
의는 세 부분으로 전개하겠다. 제일 먼저 의미적 작용역을 이용한 이론의 개
요를 소개한다. 다음으로 이미 언급한 바 있는 예문들을 중심으로 구조적 위
치를 중심으로 하는 지정어분석으로 잘 풀리지 않는 문제점들이 과연 작용역
을 중심으로 푸는 의미적 분석방법으로는 해결이 되는지 알아보겠다. 사실은
구조적 분석이든 의미적 분석이든 잘 풀리지 않는 난제가 있다. 따라서 어느
방법도 완전할 수는 없다.

그래도 두 방법을 비교하면, 구조적 방법이 전반적으로 볼 때 우위에 있
다. 왜냐하면 구조적 방법은 상당히 많은 현상을 단일한 원리로 통합적으로
설명하는 제한성이라는 미덕을 지니고 있다. 그에 비해 의미적 방법은 되는
것보다 안 되는 게 더 많고, 애초에 그것만으로 모든 문장을 설명한다는 목
표 자체가 없다. 처음부터 의미적 방법은 부수적으로 필요한 것이다. 의미적
방법을 따르는 연구자도 어디까지나 의미와 구조를 상호보완관계로 보자는
것이며, 오로지 의미해석만 가지고 부사를 모조리 설명하려는 의도는 아니
다. 그러므로 종합적으로 판단하건대 지정어분석이 어느 모로 보나 한결 낫
다고 본다.

2.3.1 의미적 작용역의 개요

(136) a. 과정-관련 부사(process-related adverb, 양태부사)는 동사
(또는 그 흔적)를 성분통어한다.
b. 사건 내부적 부사(VP-부사, 수단부사, 주어의 태도에 대한
부사)를 주어논항은 성분통어한다.

c. 문장 맨 앞에 오는 부사(IP-부사, 시간부사, 문장부사)는 주 어논항의 기저위치와 VP-부사의 기저위치를 성분통어한다.
d. 명제-관련 부사(I-부사, 빈도부사, 주어 지향적 부사)는 시제 동사를 성분통어하며, 사건에 관련된 부사의 기저위치를 성 분통어한다.
e. 전체 배경-관련 부사(배경설정에 관한 시간부사, 공간부사) 는 문장부사의 기저위치를 성분통어한다.

동사의 내적 논항은 VP shell의 지정어자리에 있다. 반면에 동사의 외적 논항은 새로 만든 기능적 투사범주(Predicate의 XP인 Pred P)의 지정어자리 에 온다. 능동태인 경우에는 어휘동사가 핵의 위치로 외현적 상승을 한다. 반 대로 수동태인 경우에는 어휘동사가 이동하지 않고, 그대로 제자리에 머물러 있다. 격을 점검하려면, IP의 지정어자리로 주어가 외현성 이동을 하게 마련 이다. 양태부사는 항상 어휘동사보다 나중에 오므로, 그런 일반적인 경우에 는 기저위치상 그냥 앞에 있는 동사에 부가된다고 본다. 그런데, 만일 양태부 사가 동사보다 앞에 온다면, 그것은 과정-관련 부사가 아니다. 그럴 때에는 사건-내부적 부사, 또는 명제-관련 부사로 보아야 한다. 부사가 동사와 그 동 사의 내적 논항(의미상 밀접한 관계를 지닌 PP)의 사이에 오면, 그 부사는 틀림없이 오른쪽 부가(right adjunction to the verb)를 한다고 본다.

(137) a. John has spoken (nicely) to his mother (nicely) about the book nicely.
b. John has spoken nicely to his mother (t nicely) about the book t nicely.

(138) a. It is utterly at variance with this to adopt .... the role of
the teacher as self-appointed proof-reader.

b. There was still an old Kodak Pan film in the camera and
he nicely has developed it.

Frey & Pittner(1999)는 VP-내부 논항인 PP(to his mother, about the
book)은 외치에 의하여 생성된 것이 아니라고 보았다. 왜냐하면 다음에서 보
는 바와 같이 그 일부에 대하여 의문사이동이 허용되기 때문이다. 이것은 외
치가 아니라는 증거이다.

(139) a. Who has John spoken nicely to t?
b. What has John spoken nicely about t?

그렇다면 *cleverly*처럼 동사 앞에도 오고, 뒤에도 오는 성질을 가진 부사
에 대해서는 어떤 설명을 하는가? Frey & Pittner는 Cinque(1999)와 같은
의견이고, Alexiadou(1997)와는 다른 의견을 전개한다. (140c)와 (140d)를
보면, 두 위치에 오는 *cleverly*는 서로 아무런 연관성이 없다는 것이 드러난
다. 양태부사라고 항상 동사 앞에 오는 것이 아니다. (140)은 양태부사이면
서 동사보다 앞에 오면 틀리고, 동사보다 뒤에 오는 경우에만 맞는 문장을
보여준다.

(140) a. John has been cleverly talking about the problem.
b. John has been talking (cleverly) about the problem cleverly.
c. John has been cleverly talking about the problem stupidly.
d. *John has been talking cleverly about the problem stupidly.

(141) a. He will (*marvellously) dance with Mary marvellously.

      b. She has (*badly) shot at Paul badly.

양태부사가 동사보다 앞이면, 그 때에는 태도를 뜻하는 부사이다. 어느 위치에 오는지에 따라 누구의 태도인가도 달라진다.

(142) a. Bob has *carefully* removed the lid.

      b. Bob *carefully* has removed the lid.

(143) Bob has removed the lid *carefully*.

조동사와 동사의 사이에 부사가 오면, 주어 *Bob*의 태도가 신중하다는 의미이다. 만일 *has removed*보다 앞에 오면, 화자(speaker)의 태도가 신중하다는 의미이다. 전자는 어떤 일을 하는 *Bob*의 태도가 신중하다는 것이며, 후자는 *Bob*이 어떤 일을 했다고 말하기가 조심스럽다는 것이다. 그러나 (143)처럼 양태부사가 마지막에 오면 반드시 동사를 꾸미는 과정-관련 부사이다. (142b)처럼 화자의 태도를 뜻하는 명제-관련 부사이면 어디에 부가되어야 하는가? 틀림없이 그 자리는 Aux Projection이며 *carefully*는 지정어-Aux-보충어로 이루어진 최대투사범주에 덧붙여진 부가이다. 그렇다면 주어의 태도를 가리키는 (142a)에 있는 *carefully*는 어떤 구조를 가지는가? IP에 붙는 부가이다. 따라서 (142a)는 IP-부가, (142b)는 Aux P-부가로 본다.

(144) a. On Rosa's birthday she took it easy.

      b. *On Rosa's lawn she took it easy.

여기서 *Rosa*와 *she*는 동일인물이다. 만일 *on Rosa's birthday*라는 시간 부사가 주어보다 낮은 기저위치에서 앞으로 이동한 구조라면 반드시 결속이 론(C)를 위반하는 효과가 생긴다. 그런데, 이 문장은 아무 이상도 없다. 따라서 *on Rosa's birthday*는 이동에 의한 것이 아니고 문장 맨 앞이 기저위치 라고 보아야 한다. 그렇다면 (144b)는 왜 틀리는가? 장소부사는 원래 VP 안에 있다가 이동에 의해 앞으로 나온 것이므로 결속이론(C)를 어긴다.

(145) a. In Ben's office he is an absolute dictator.
      b. For Mary's valor, she was awarded a purple heart.

(146) a. *With John's computer he began to write a book.
      b. *For Mary's brother she was given some old clothes.

(145)에 나온 배경부사(frame adverb)와 이유를 말하는 부사(reason adverb)는 주어보다 더 높은 위치에서 생성된다. 반대로 수단을 말하는 부사 (instrumental adverb), 은혜를 베푸는 부사(benefactive adverb)는 주어보 다 낮은 위치에서 생성된 다음 나중에 이동에 의하여 앞으로 나간 것이다. 그것이 (147)에 제시 되어있다. 따라서 (145)과 (146)의 차이가 설명이 된다.

(147) (Frequently) she (frequently) has (frequently) been (frequently) talking (frequently) to Mary (frequently)

겉모양은 다 똑같은 부사이지만, 그 기저위치는 두 종류가 있다. 동사보 다 앞에 나온 부사는 사건-관련이며 주어자리를 성분통어한다. 따라서 그런 자리는 Pred Projection에 붙은 부가자리이다. 동사보다 뒤에 나온 부사는 주어가 성분통어한다. 그런 부사는 과정-관련 부사이며 VP에 붙은 부가자리이다. 어순과 중의성의 관계를 다음 예문을 통해 살펴보자.

(148) a. John intentionally knocked on the door twice.
b. John twice knocked on the door intentionally.

(148)에 있는 *twice*는 원래 두 가지 뜻을 가진다. 양태부사, 또는 사건부사로 둘 다 해석가능하다. 양태부사일 때, 주어의 태도를 뜻하는 *intentionally*가 *twice*보다 더 지배적 작용역을 가진다. 그러나 *twice*가 사건부사의 뜻이면 그 때에는 *intentionally*보다 더 상위의 작용역을 가진다. 이제 (148b)에서 보듯이, *twice*가 그 위치에 보아 확실하게 사건부사이므로, 항상 *intentionally*보다 상위의 작용역을 가진다.

Frey & Pittner는 Chomsky와 마찬가지로 패각구조를 채택한다. 어휘동사의 보충어자리에 오는 요소는 항상 그 핵이 비어있다. 그래서 (149)에서 보는 바와 같이, 빈 핵을 가진 VP를 그린다. 양태부사는 어휘동사에 부가하고, 사건부사는 빈 핵을 가진 동사구에 부가한다. 이제 어떻게 하면 (148a)처럼 문미에 있는 부사 *twice*가 앞에 위치한 *intentionally*보다 더 높은 작용역을 가지는 것을 설명이 가능한가? 의미적 핵이 빈 동사구 안에서 생성된 사건부사(event adverb, 여기서는 twice)는 핵이 비었기 때문에 기저위치에서 해석이 불가능하다. 따라서 *intentionally*보다 더 상위에 있는 추상적 수식표지(abstract modification marker)까지 이동하면, 그 자리에서는 해석가능하다.

(149)

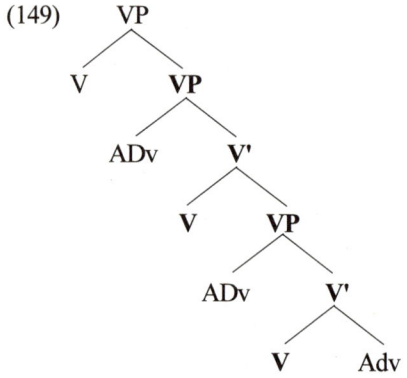

　　기저위치에서 핵이 비어서 직접적 인허가 불가능한 경우에 상위로 이동함으로써 간접적 인허를 받는 이런 방식이 Haider(2000, 2004)의 이론에서 중요한 비중을 차지한다.

　　그의 아이디어는 부사의 위치에 따라 인허조건이 달라진다는 것이다. 동사선행 부사는 어휘적 동사구에 부가하고, 동사후행 부사는 Larson식의 패각구조 VP에서 보충어처럼 존재한다. (150)은 어휘적 동사구에 부가하는 동사 앞에 오는 부사의 자리를 표현한 구조이고, (151)은 동사 뒤에 오는 시간 부사이며, 기저위치에서 직접 인허를 해야 할 위치에 있는 의미적 핵이 비어서, 제자리에서 의미해석이 곤란하다. 따라서 이동을 촉발하는 동기가 생긴다. 이러한 부사는 해석 가능한 요소가 있는 자리로 치고 올라가는 이동을 한다. 그 위치는 추상적 수식표지가 있는 동사선행부사의 자리이다.

　　전통적 방식으로는 실패하였던 과제를 Haider처럼 두 종류의 인허조건을 허용하면, 성공적으로 달성하게 된다. 이제 이것으로 거울이미지를 설명할 수 있는지 살펴보자. 여러 개의 부사가 있을 때, 동사와 의미상 밀접성에 따라 일정한 순서대로 오게 된다. 그런데 문두에 있을 때와 문미에 있을 때에는 그 순서가 마치 거울을 통해 보는 것처럼 순서가 정반대로 뒤집힌다.

동사선행의 위치에서 보면, 시간> 공간> 양태의 순서대로 부사가 오고, 그 다음에 어휘동사가 나온다. 만일 동사후행의 위치에 부사를 나열한다면, 정반대의 순서대로 부사들이 나타난다. 즉, 동사에 가장 가까운 부사부터 나오기 때문에 반드시 양태> 장소> 시간의 순서대로 나온다. 이것이 거울이미지이다. (152)는 이 순서를 어긴 틀린 문장을 보여준다.

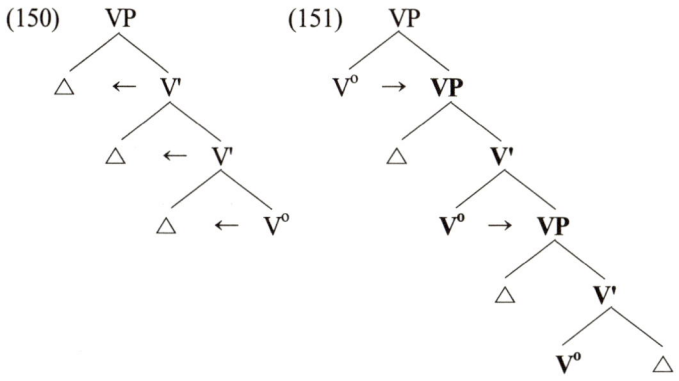

(152) a. *She has worked [today] [the whole time] [in the
garden] [with great care] [on her hobby](time> time>
space> process> respect)

b. *Sie hat [an ihrem Steckenpferd] [mit großer Sorgfalt]
[im Garten] [die ganze Zeit] [heute] gearbeitet
(respect> process> space> time> time)

Haider(2004)에 의하면, 부사가 단일순서만 보이는 현상은 접합면 조건 (Interface Criterion) 때문이다.

(153) 성분통어-영역과 의미적 형태-영역의 사상은 서로 일치하며, 점

점 누적적으로 쌓이는(monotonous and incremental) 성질이
있다.

명제(proposition) 밑에는 사건들(events)이 있고, 사건 밑에는 과정들
(processes)과 상태들(states)이 있다. 이와 같이 의미적 단위는 개념적 상하
관계를 이루고 있는 집합개념(subset)이다. 통사적 성분통어로 표현되는 상
하관계는 의미적 상하관계를 그대로 반영하고 의미적으로 보든 통사적으로
보든 동일한 상하관계가 도출되어야 한다. 이제, 접합면 조건을 준수하면, 부
사를 사상할 때 서열구조를 그대로 반영하여 순서대로 사상해야 한다. 만일
반대로 아래서열의 부사를 먼저 사상하면, 상위서열의 부사를 사상할 길을
아예 막아버리는 효과를 낳게 된다. 따라서 저절로 순서대로 사상하려는 경
향성이 생긴다. 구조적 합성성(Structural compositionality)과 누적적 합성
성(incremental compositionality)는 항상 일치해야 한다.

(154) a. They met [in the attic] [on Tuesday].
b. *They met [on Tuesday] [in the attic].

여기에서 VP를 중심으로 동사 met은 그 밖으로 이동해 있고, 부사 둘은
그 안에 그대로 머물러 있다. 비록 비어있어도 핵의 역할은 아직 하고 있는
데, 그 역할이란 구조적 중심을 잡아주어 내심성(endocentricity)과 이분지구
조(binary branching)를 온전히 지키는 일이다.
구조적으로든 의미적으로든 서열구조를 그대로 지키면, 가장 낮은 서열
의 부사부터 먼저 말해야 한다. 따라서 항상 장소부사가 시간부사보다 선행
한다. 만일 거꾸로 말하면 접합면에서 파탄이 일어난다. 만일 부사무리가 동
사보다 선행하여, 가령, 문장 맨 앞에 온다고 하면, 그 때에는 시간부사가 먼

저 오고, 장소부사가 나중에 온다. 왜냐하면 동사를 기준으로 가장 지근거리에 가장 낮은 서열의 부사를 붙이고 가장자리에는 가장 서열이 높은 부사를 붙여야 접합면에서 파탄이 안 일어난다. 따라서 거울이미지가 명료하게 설명이 된다.

Ernst(2002)는 방향성 원리(Directionality Principle)와 무게이론(Weight Theory)을 활성화(active), 불활성화(inactive)가 작동하는 두 가지 종류로 나누고, 그를 통해 부사를 부가이론으로 설명하였다. 방향성원리와 무게이론은 PF에서 활성화된다. 이동은 자질점검이나 무게이론에 의하여 촉발된다. 그에 의하면 점검은 지정어-핵 일치에 의하여 일어나며, 이 때 지정어는 일종의 부가어라고 본다. 의미단위의 상하관계에 따라 나열하면 다음과 같다.

(155) Speech Act> Fact> Proposition> Event> Specified Event
      (Ernst 2002)

FEO(Fact-Event Object)의 서열구조는 그대로 어순을 반영한다. 하위서열의 FEO는 상위서열의 FEO로 전환이 가능하지만, 반대로 상위서열이 하위서열로 변하는 것은 불가능하다.

(156) a. Sam has probably made an appointment. (epistemic)
      b. *Sam should have probably made an appointment.
      c. He has surprisingly decided to join the union. (evaluative)
      d. *He could have surprisingly decided to join the union.

화행(Speech act)에 해당하는 부사는 반드시 시제에 붙어야 하며, 그보다 하위서열인 *honestly*처럼 그 아래에 위치하면 틀린 문장이 생성된다. Ernst(2002)는 일군의 기능적 부가어를 매우 체계적으로 조사했다.

(157) a. Only Carol buys junk food.
 b. Carol only buys junk food.
 c. Carol buys only junk food.

(158) a. Again, why would she do such a thing?
 b. They again have raised objections.
 c. They have raised objections again.

이 예문들이 나타내는 것은 무엇인가? 기능적 부사들의 위치가 매우 다양하고 위치가 자유롭다는 사실이다. 이러한 자유로운 어순을 설명하기 위하여 방향성 원리를 도입하였다.

(159) 방향성 원리(Directionality Principles)
 a. [+F] 항목들은 F-방향에서만 인허된다.
 b. C-방향이 활성화인지 비활성화인지에 따라 언어분류가 이루어진다. 그 방향이 비활성이면 모든 범주는 [-R]이다. 그 방향이 활성이고, 핵이나 보충어가 C-복합 자질을 가지고 있다면, 보충어는 [+R]이다.

[+F]항목이란 지정어이며 흔히 지정어-핵 일치에 의하여 인허된다. F-방향은 모든 요소가 가장자리 자질처럼 앞에 오는 것과의 관계에서 인허를 받는 것이며 기능어 방향이고, C-방향은 모든 요소가 보충어처럼 뒤에 오는 자매관계에 의하여 인허되는 것이며 보충어 방향이다. 한국어처럼 OV language를 살펴보면, C-방향이 비활성화된 언어이며, 모든 요소의 인허조건은 한결같이 왼쪽 자매관계(left sister)에 의존한다. 이는 지정어, 보충어, 부가어에 똑같이 적용된다. 반대로 영어처럼 VO language이어서 C-방향이 활성화되면, 오른쪽 자매관계(right sister)에 의하여 인허되는 데, 바로 양태 부사가 그런 경우이다. 기능적 투사(functional projections)의 경우에는 오른쪽과 왼쪽 자매관계를 둘 다 선택적으로 의존할 수 있다. 동사의 목적어가 지정어자리에 생성되므로 그것은 [+F] 항목이며, 따라서 좌측 자매관계로 선형화된다.

(160)

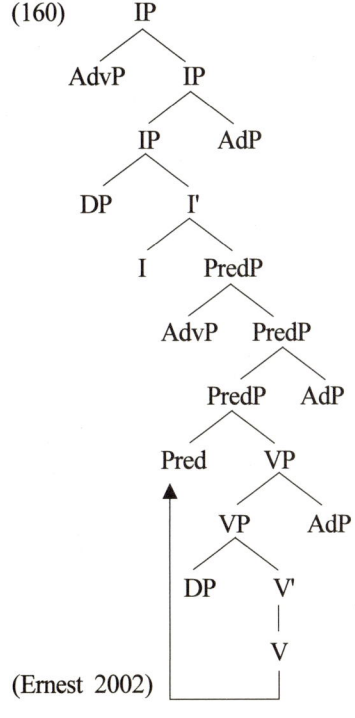

(Ernest 2002)

(161) 무게이론

    a. 무게를 결정하는 것은 범주이다.

       CP>PP> DP> AP> 보충어를 가진 ADVP > 보충어가 없
       는 ADVP

    b. 문장 끝에 무게를 두는 공식: PF에서 동사 뒤에 오는 요소들
       을 선형화할 때, 가장 선호하는 순서는 끝으로 갈수록 점점
       더 무거운 요소를 두는 것이다.

(162) a. The government has hardly proven its case(*hardly)

     b. The caravan has just left(*just).

여기서 hardly, just는 반드시 동사 앞에 오며, 마지막 자리에 오면 틀린
다. 이를 설명하기 위하여 [+Lite]이라는 자질을 왼쪽 자매관계에 부여한다.
이러한 부사는 가볍기 때문에 반드시 동사 앞에 오며, 의미상 무거운 것만이
끝에 올 수 있다.

2.3.2 의미적 접근법에 대한 비판

Frey and Pittner(1999)는 시간부사와 장소부사를 다르게 보았다. 시간
부사는 VP 관련부사이고, 장소부사는 VP 내부부사이다. 시간부사는 장소부
사보다 상위서열이다. 그 근거는 (164)에서 보는 바와 같이 시간부사가 장소
부사보다 선행하기 때문이다. (165)에서 시간부사는 PP이며, 맨 끝에 온다.

(163) a. My car is now being repaired there.

     b. Joe had once lived in a cave.

(164) a. He came here last Tuesday.

b. He came here yesterday.

맨 끝에 오는 시간부사는 그 자리에서 기저생성된 것이다. Frey & Pittner는 동사구 앞에 추상적 수식표지를 설정하여, 맨 마지막에 오는 시간부사를 끌어당김으로써 간접적으로 인허한다. 그러하기 때문에 시간부사가 (163)처럼 앞에 오든, (164)처럼 뒤에 오든 상관없이 항상 시간부사는 장소부사보다 상위의 작용역을 가진다. 길이가 길고 짧은 것에 따라 결과가 달라진다는 것만 첨가하면, 그러한 시각은 (165)를 설명하는 능력이 있다.

(165) a. He is being transferred there now.
     b. He'll be transferred to prison tomorrow.

Haider(2004)에 의하면 동사 다음에 오는 장소부사와 시간부사의 어순은 서열을 기준으로 아래에서 위로 점점 차곡차곡 쌓는 속성(monotonic incrementality)에서 유래한다. (165)에서 보듯이, 의미적으로 하위부사를 먼저 말하고 상위부사를 먼저 말하도록 하면, 저절로 장소부사를 먼저, 시간부사를 나중에 말하게 된다. 그러면 Ernest(2002)는 똑같은 현상을 어떻게 다루는가? 장소부사는 목적어 논항과 똑같이 VP 내부적이다. 반면에 시간부사는 시제(Aux) 주변, 즉 TP와 PredP에 관련된 부사이다. 그러므로 (163)은 저절로 설명이 된다. 또한 그의 무게이론에 따르면, hardly와 just처럼 항상 앞에 오는 부사는 가벼운 부사이고, 항상 뒤에 오는 부사 last Tuesday는 무거운 부사이다. 그에 의하면 (164)의 *last Tuesday*, *yesterday*, *now*, *tomorrow*는 무거운 부사이다.

이제 두 가지 입장을 정리해보자. Frey & Pittner는 장소부사와 시간부사의 서열과 거울이미지를 추상적 수식어표지에 의한 결과물이라고 본다. 그들은 시간부사가 동사 뒤에 오는 경우를 기저위치로 보고, 동사 앞에 오는 경우를 이동에 의한 것으로 본다.

본래 뒤에 있던 부사그룹을 앞으로 잡아당기면, 순서가 반대로 뒤집히고, 그 결과로 거울이미지가 생긴다. 그러나 Frey & Pittner와는 정반대로 Haider에 의하면, 동사선행 시간부사가 기저위치에 있는 부사이다. 동사후행 시간부사의 거울이미지는 부사의 서열구조(monotonous incrementality) 때문에 파생된 결과물이다.

(166)에는 양태부사가 있다. 양태부사는 VP의 오른쪽 부가로 본다. 오른쪽 부가의 증거는 (166)에서 VP 내부논항인 PP가 외치에 의하여 뒤로 이동하는 현상을 보면 찾을 수 있다는 게 Ernst(2002)의 주장이다. 그러나 Haumann(2007)은 PP를 외치로 보는 입장에 반대한다. 왜냐하면 (166)에서 이동한 PP는 더 이상 이동을 금지하는 섬이 되어야 하는데, 실제로는 그렇지 못하기 때문이다. 이동한 PP가 섬이 아니라는 증거는 (167)을 보면 안다.

(166) a. She would always speak t cheerfully [about her future]
      b. He told them t politely (that) [he wouldn't support their proposal]

(167) a. What would she always speak cheerfully about t?
      b. Whose proposal did he tell them politely (that) he wouldn't support t?

다음 예문 (168)의 구조 역시 오른쪽 부가(right branching)이다.

(168) a. She visited every colleague on his birthday.
      b. I shot the men willingly near each other's home.

결속현상을 기준으로 보면 (168)을 오른쪽 부가로 보아야 맞고, 작용역을 기준으로 보면 똑같은 문장을 왼쪽 부가로 보아야 맞다. 부가분석을 택하면, 이러한 모순을 절대 해소할 수가 없다. 그렇다면 이제부터 지정어분석에 더 비중을 두고, 어떻게 하면 위에서 제기한 모순을 해소할지 고민해보기로 한다.

(169)와 똑같이 결속현상이 포함된 예문을 보자. 만일 패각구조 VP를 설정한다면 모순을 제거하고 결속현상과 작용역을 둘 다 설명할 수 있다.

(169) a. He gives the book to them in the garden on each other's~.
b. *He gives the book to them on each other's ~ in the garden.

(170)

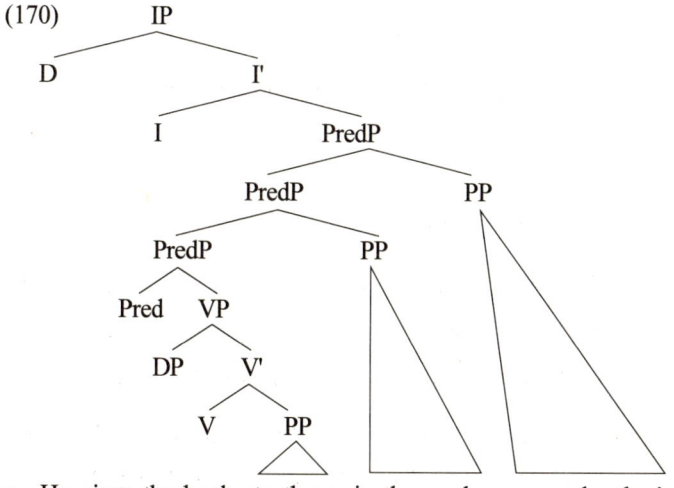

a. He gives the book to them in the garden on each other's
b. *He gives the book to them on each other's in the garden

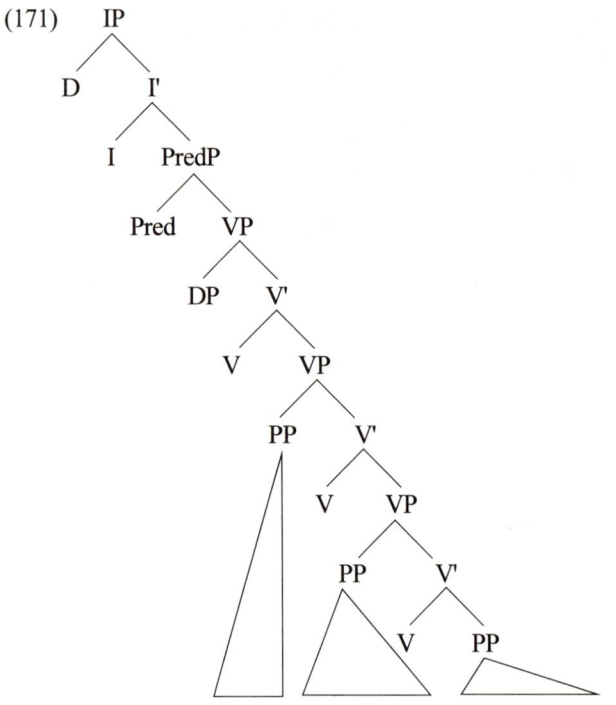

(171)

He gives the book to them in the garden on each other's
(Haider 2004)

어휘동사 *give*보다 아래에 의미적으로 빈 VP구조를 만들면, 선행사 *them*이 그보다 낮은 서열을 가진 *each other*를 성분통어한다. 공간부사는 항상 시간부사보다 앞에 와야 하는데, 그래야 시간부사의 작용역이 공간부사를 지배하기 때문이다. 내부논항에 *on each other*를 남겨두고 *the book*만 상위서열로 이동하는 것은 Haider(2000), Frey & Pittner(1999)의 이론에서도 얼마든지 허용한다. 이와 같이 어휘동사보다 아래에 빈껍데기 VP구조를 설정하면, 결속현상과 작용역현상이 일견 구조적으로 모순되는 현상을 해소할 수 있다. 그냥 단순한 지정어분석만 가지고 이러한 모순을 해결할 수가 없기 때문에, 수정하여 쓸 필요가 있다. Haumann(2007)은 Frey & Pittner (1999)에서 제기했던 아이디어, 즉 뒤에 있던 부사가 앞으로 치고 올라가서 간접적 인허를 받는 방식(hooking-up mechanism to abstract modification markers)을 채택할 것을 제안한다.

하지만 지정어분석의 문제는 여전히 남아있다. 부사의 특징인 부사위치의 다양성, 동사를 중심으로 선행할 때와 후행할 때 어순이 정반대로 뒤집히는 거울이미지의 문제도 있다. 만일 전통적 방법인 부가 분석방법으로 본다면, 이런 현상은 금방 설명이 된다. 따라서 이런 대목에서 부가분석의 유연성과 장점이 돋보인다. 게다가 동사선행부사의 위치교대현상을 설명하는 문제도 부가분석은 척척 해치운다. 부사의 의미적 조건과 함께 부가분석을 적용하면 (170a)는 좋은 문장이고, (171b)는 나쁜 문장이라는 점을 금방 알게 된다. 문장부사 *luckily*는 위계서열상 *probably*보다 상위의 부사이므로 순서가 바뀌면 안 된다.

> (172) a. She luckily has probably got a job.
> b. *She probably has luckily got a job.

> (173) Speech act> evaluative> evidential adverbs> epistemic> subject-related

(173)과 같이 오로지 하나의 순서만이 허용된다. 이것은 Frey & Pittner (1999)가 예측한 그대로이다.

> (174) a. *She would wisely have frequently avoided this topic.
> b. She would frequently have wisely avoided this topic.

c. *She would stupidly have occasionally replied to his message.

d. She would occasionally have stupidly replied to his message.

(175) <cleverly> will have < cleverly > been < cleverly> avoiding

(175)이 예시한 부사위치의 다양성을 포착하기 위하여 다중병합 (multiple merge)을 사용한다. 이동이 없다면 (176a)의 어순이고, 이동이 있다면 (176b)의 어순이다.

(176) a. Frequently, he may have been eating ants.
　　　 b. He frequently t may have been eating ants.

이제 부사현상에 있는 난제들을 풀면서 점점 양보하는 과정에서, 처음의 모습과는 달리 지정어분석이 그 제한성을 많이 잃어버린 것 같다.

(177) a. She may have often been cleverly avoiding encounters with aliens.
　　　 b. *She may have cleverly been often avoiding encounters with aliens.

왜 이 문장에서 어순이 자유롭지 않고 순서 하나만 허용하는가? 빈도부사는 주어의 태도를 뜻하는 부사보다 상위서열이다. 따라서 *cleverly*가 *often* 보다 후행해야 한다. 만일 순서가 반대로 뒤집히면 틀린다.

(178) She cleverly has often been drinking pineapple juice.

여기서 *cleverly*의 위치를 주목하라. 조동사보다 앞에 온다. 그러므로 (177)에서는 주어태도 부사였지만, (178)에서는 주어지향성 부사(subject-oriented adverb)이며, 그것은 주어의 태도부사보다 상위서열이다. 따라서 생김새는 똑같아도 주어 지향성 부사이므로 이 경우에는 정해진 서열대로 부사를 사용한 올바른 문장이다.

(179) a. *Joanna expertly recently painted the door.
    b. *Joe has recently foolishly dyed his hair.
    c. *Frankly, certainly I don't have a clue.
    d. *He would cleverly briefly introduce you.

서열이 같은 부사들을 중복하여 사용하면 부사중첩이며, (179)와 같이 틀린 문장이다. (179)의 비문법성은 어떻게 설명하는가? 지정어자리가 유일하다면 같은 서열의 부사는 딱 한번 쓰인다. 따라서 구조적 방법은 부사중첩을 잘 설명한다. 부가방식을 쓰는 의미적 방법은 여러 번의 부가를 허용한다. 따라서 부사중첩을 설명 못 한다.

(180) a. The king replied that she must keep her promise, so she slowly and sadly opened the castle door.
    b. The current owner has recently and lovingly restored it into a holiday home.
    c. She often and passionately spoke of her regard for the one room school concept.
    d. They deliberately and repeatedly lied to us about 9/11.

(180)은 부사대등을 보여준다. 의미적 방식은 부사대등을 설명하지 못하고, 구조적 방식은 부사대등을 잘 설명한다. 구조적 방식으로 보면 대등구 전체를 하나로 보고, 전체 덩어리(lexical chunk)가 지정어로 이동한다고 보면 인허조건을 만족한다. 그러나 의미적 방식은 일일이 부사의 의미적 서열에 주목하므로, 부사대등을 금지하며, 이것은 잘못된 예측이다.7)

(181) a. Letstes Jahr im Juni an einem Sonntag kurz vor Mittag rief er alle an.

   "Last year in June on a Sunday shortly before noon he phoned all up"

b. In der Kü che neben dem Tisch auf dem Boden unter einem Tuch fand er es.

   "In the kitchen besides the table on the floor under a cloth he found it"

(181)는 독일어이며, 부사무리(adverb cluster)를 보여준다. Cinque (2004)는 동사보다 앞에 나온 수많은 부사들을 하나의 통사단위로 보고, 문장 전체(IP)에 부사하는 이동을 가정하였다. 모든 부사가 지정어자리에서 인허된다고 보는 구조적 방식에 그의 아이디어를 수용하면 간단히 설명이 끝난다. 그러나 의미적 방식을 택하면, 도무지 해결이 안 된다. 의미적 방식은 부

---

7) 대등구문은 두 요소가 모든 면에서 같을 때 가능하다. 서열이 다르면 위치도 다르다고 보면서 부사대등의 경우에만 특별히 그냥 넘어가는 것은 문제가 많다. 부사는 생김새는 같아도 상위서열과 하위서열의 두 가지 의미를 가진 것이 많다. 따라서 부사대등에 대한 것도 전혀 다른 관점에서 그 문법성을 설명할 수 있다. 이렇게 보면, 결국 구조적 방식을 강력히 지원하는 근거로 부사대등은 상당히 의심스럽고, 부사중첩과 부사무리현상이 남는다고 보아야 한다.

사무리현상과 같이 그 숫자가 아주 많을 때에는 설명력을 제대로 발휘할 수가 없다.

(182) a. Luckily for all of us, it's perfectly within the law.
  b. Abrasive, but not arrogant, there is no edge to him, but [surprisingly [for the owner of the Sun], he has a puritanical side.

가장자리효과에 의하면, 상위서열부사는 보충어를 가지고 못 가지는 차이가 있는데, 그것이 일정한 통사단위의 맨 앞에 올 때에만 보충어가 제한적으로 허용된다. 즉, 핵-앞에 오는 구조(head-initial structure)는 가장자리효과가 있어 부사를 핵으로 하는 보충어를 허용한다. (183a)에서 *Luckily*는 문두에 오므로 보충어 *for all of us*를 가질 수 있고, (183b)도 *surprisingly*가 절의 맨 앞에 오므로 가장자리효과를 얻어 보충어를 가질 수 있다.

Haider(2004)는 의미적 방식은 가장자리효과를 잘 설명하고 구조적 방식은 그렇지 않다고 주장했다. 그러나 그 주장은 별로 신빙성이 없다. 가장자리효과는 문자 그대로 부사의 특징이 아니며, 문장 맨 앞, 또는 절의 맨 앞이라는 장소가 유발하는 효과일 뿐이다. 따라서 이걸 근거로 어느 방식이 더 부사를 잘 설명하는지 판단한다면, 그 자체가 잘못된 일이다.

(183) a. *He handed secretly her the napkin.
  b. *He handed her secretly the napkin.

이 예문은 구조적 방식과 의미적 방식 중 무엇을 선택하든 설명력에 차이가 없다. 둘 다 설명을 못 한다. 부사가 아닌 다른 곳에 문제가 있기 때문이다. 동사와 목적어 사이에 다른 요소가 개입한 문장을 비문으로 파탄을 내려면, Stowell(1981)의 격부여 인접조건(Adjacency Condition on Case Assignment)이 반드시 필요하다.

2.3.3 요약

의미를 중심으로 부사위치를 설명하는 입장으로 지금까지 나온 연구는 세 가지가 있다. Frey & Pittner(1999), Haider(2004), Ernest(2004)는 각각 독특한 방식으로 부사를 설명하고 있다. 이에 의하면 부사를 부가로 보며, 의미적 작용역을 써서, 부사를 해석하고, 어순을 제한하고, 어순의 다양성을 설명한다. 그런데 실제자료에 대한 설명력이라는 면에서 의미중심방법은 통사중심방법보다 불리하다. 그러므로 이제 우리는 구조적 방법으로 단일하게 밀고 나가기로 한다. 다만 이미 언급한 몇 가지 문제점을 해결하려면 기존의 이론을 그대로 수용하지 말고, 약간 수정할 필요가 있다. 다중병합, 양태부사의 설명을 위한 고정지정어, 양태부사와 전치사 PP의 위치교대현상의 설명을 위한 양태부사의 이동을 기존이론에 추가한다면, 우리는 과거보다 좀 더 효과적으로 작동하는 문법모델을 얻을 수 있다.

2.4 결론

2장에서는 지정어분석과 부가분석을 비교하고 각각의 문제점을 상세히 살펴보았다. 지금까지 논의로부터 다음과 같은 결론을 얻었다. 첫째, 동사후행부사와 어순다양성은 지정어이동으로 설명한다. 둘째, 동사선행부사의 위치교대현상, 복수부사가 거울이미지를 가지는 현상, 의미대로 단일한 어순을 가지는 현상은 의미적 서열구조를 설정하여 설명한다. 셋째, 부사중첩, 부사대등(adverb coordination), 부사무리, 가장자리효과는 의미적 방법으로 다루기 힘들다. 특히 부사가 무더기로 나타나는 부사무리현상은 오로지 구조적 방법으로만 설명이 가능하다. 넷째로, 양태부사와 PP가 위치교대를 하는 현상을 설명하기 위하여, Alexiadou처럼 양태부사를 보충어로 보기는 하되, Cinque처럼 이동을 한다고 보는 절충적 방식을 도입한다.

어휘층위 안에 있는 부사들

3장에서는 부사의 자리와 인허조건들을 동사의 어휘층위(lexical layer) 즉 패각구조(shell structure) 안에서 제안하겠다. 제안에 앞서 두 가지 중요한 점을 언급하면 다음과 같다. 첫째는, 절의 어휘층위는 전통적으로 동사의 의미역 영역과 동일하게 다루어졌는데 여기서는 어휘층위가 기능범주에 의해서 분리된다고 본다. 어휘층위의 가장 하위영역은 VP-shell로 어휘동사와 내재논항을 포함하는 의미영역이다. 그리고 이 VP-shell은 목적어와 관련이 있는 기능범주들의 관할을 받는다. 기능범주로는 직접목적어 일치를 위한 AgroP, 간접목적어 일치를 위한 AgrioP, 상(telicity)을 위한 TelP가 있고, 이러한 기능범주들의 핵과 지정어자리는 외현적 이동을 위한 자리들이다. 어휘층위는 동사의 외재논항을 포함하는 vP-shell과 분리된다. 이렇게 동사의 의미역영역을 동사의 내재논항 영역과 외재논항 영역으로 나누면 외현적 목적어이동, 격점검, 어순변화(예, 간접목적어이동)를 체계적으로 설명할 수 있을 뿐 아니라, 부사를 어휘층위 안에서 기능범주로 설명할 수 있는 길을 제시할 수 있다. 두 번째는, 어휘층위에 있는 부사들이 지정된 기능범주의 지정어자리로 병합된다. vP안에 있는 부사들과 어휘동사와 내재논항의 어순들이 소수의 통사적 운용에 의해서 설명될 수 있음을 보여줄 것이다. 이러한 요소들의 자리를 결정하는 운용으로는 동사와 내재논항의 외현적 이동, VP안에 있는 어휘요소들의 선행사결속, 부사와 동사의 포합(incorporation), 통사적으로 복잡한 동사로부터 동사를 떼어 이동시키는 핵분리(excorporation)이다. 부사가 동사와 포합하는 것과 동사가 핵분리를 하는 것은 완수부사(completion adverbs)에만 적용된다. 여기서 주장하는 제안들은 능동태동사와 수동태동사가 각각 다른 내부구조를 가지고, 궁극적으로 어휘층위의 핵인 동사의 이동도 다른 특성을 보인다는 가정에 기초한다.

3.1 VP-패각, 목적어이동, 분리동사구
(VP Shells, Overt Object Shift, Split VP)

Larson(1988, 1990)에 따르면, 이중목적어 동사와 부사류 보충어를 취하는 동사들은 VP-패각구조를 이루는데, (1a)의 구조와 같이 부사들은 동사의 가장 내부에 있는 보충어로 생성된다. 그리고 하나 이상의 보충어를 가지는 동사는 (1b)가 보여주듯이 외패각(outer shell)의 핵자리로 이동한다. 이때 동사의 이동은 어순(linearization)뿐 아니라 격과 일치조건 때문에 일어나야만 한다. 어휘핵이 격할당을 오른쪽으로 한다고 가정하면, 동사가 주어를 지배할 수 있는 외패각(vP-shell)의 핵자리로 이동하지 않으면 VP지정어자리에 있는 주어를 지배할 수 없어 격을 할당할 수 없다. 따라서 동사는 격할당을 위하여 주어를 지배할 수 있는 자리로 이동해야 한다. 또한, Infl이

동사가 핵인 범주를 지배해야 하는 일치조건 때문에 동사는 반드시 이동해야
한다.

(1) a. $[_{I'}[_I][_{vP} [_{v'} [_v] [_{VP} [_{XP}] [_{V'} [_V] [_{VP} [_{XP}] [_{V'} [_V V][_{AdvP}]]]]]]]]$
     b. $[_{I'}[_I][_{vP} [_{v'} [_v V_i] [_{VP} [_{XP}] [_{V'} [_V t_i] [_{VP} [_{XP}] [_{V'} [_V t_i]$
        $[_{AdvP}]]]]]]]]$

Larson(1988, 1990)에 의하면, 동사의 내재논항들은 지정어((2a)의 *the
napkin*, (2c)의 *to her*, (2d)의 *me*)로 생성될 수도 있고, 보충어((2b)의 *the
napkin, her*, (2c)의 *about the meal*, (2d)의 *the details*)로도 생성될 수 있
다. 반면 왜재논항은 항상 가장 위에 있는 VP-shell의 지정어로 생성된다.

(2) a. $[_{VP} [_D He][_{v'} [_v handed_i] [_{VP}[_{DP} the napkin][_{V'} [_V t_i][_{PP} to$
        her]]]]]
     b. $[_{VP} [_D He][_{v'} [_v handed_i] [_{VP}[_D her]_j [_{V'} [_V [_V t_i][_D t_j]][_{DP} the$
        napkin]]]]]
     c. $[_{VP} [_D He][_{v'} [_v complained_i] [_{VP}[_{PP} to her] [_{V'} [_V t_i][_{PP} about$
        the meal]]]]]
     d. $[_{VP} [_D He][_{v'} [_v spared_i] [_{VP}[_D me]_j [_{V'} [_V [_V t_i][_D t_j]][_{DP} the$
        details]]]]]

Larson(1988, 1990)은 대상논항(theme argument)이 (2b, d)에서는 VP
안에 있는 부가어이지만, (2a, c)에서는 그렇지 않다고 제안했다. 그러나 우
리는 Larson과는 달리 Baker(1988)의 의미역할당동일성가설(Uniformity of
Theta Assignment Hypothesis)을 받아드리겠다.

(3) 동일한 의미역 관계는 D-구조에서 동일한 통사적 관계로 표현된
다(Identical thematic relationships between items are
represented by identical structural relationships between those
items at the level of D-structure).

Aoun & Li(1989), Mulder(1992), Kitagawa(1994)의 제안을 받아드려,
동사가 먼저 대상논항과 병합하고 이어서 목표논항과 병합하기 때문에 목표
논항이 대상논항보다 구조적으로 위에 있어야 한다고 제안한다(4).[1] 즉 두
개의 내재논항을 가진 동사는 각각의 논항에 대하여 패각구조를 투사한다.
하위 VP는 대상논항을, 상위 VP는 목표논항을 가진다.

(4)   [$_{VP}$ [$_{DP}$ **AGENT**][$_{V'}$ [$_V$] [$_{VP}$[$_{XP}$ **GOAL**][$_{V'}$ [$_V$][$_{XP}$ **THEME**]]]]]

(4)의 구조에 대한 증거는 일명 Barss-Lasnik-비대칭 현상에서 얻을 수
있다(Barss & Larson 1986).[2]

(5) a. I showed John$_i$ himself$_i$ (in the mirror).
     b. *I showed himself$_i$ John$_i$ (in the mirror).
     c. I denied each worker$_i$ his$_i$ paycheck.
     d. *I denied its$_i$ owner each paycheck$_i$.
         (adapted from Barss & Lanik 1986:347f.)

---

1) 대상논항과 목표논항의 범주와 상관없이 목표논항이 항상 대상논항보다 구조적으
로 상위에 있다.
2) Barss-Lasnik 비대칭은 VP-패각구조를 지지하는 대표적인 현상으로 간주되어 왔
다.

대용어(*himself*)와 결속대명사(*its*)가 자신의 선행사(*John, each worker*)
에 의해서 반드시 성분통어되어야 한다는 조건 때문에 (5a, c)는 정문이지만,
(5b, d)는 비문이다. (4)와 같이, 목표논항이 대상논항보다 구조적으로 상위
에 있다고 보면, *John*과 *himself* 사이의 성분통어관계와 *each worker*와 *its*
의 성분통어관계는 자연스럽게 설명될 수 있다.

　(6)의 문장은 목표논항에 있는 대용사가 상향 이동한 대상논항에 의해서
성분통어를 받기 때문에 여기서 제안한 분석에 문제가 되지 않는다.

(6)　I introduced [[Sue, Anne and Louise]$_k$ ...[... [to each other's
　　　husband$_i$][...[t$_k$]]]]

그러나 (7a)를 옳은 문장으로 잘못 예측할 수도 있다.

(7)　a. *[$_{AgrSP}$[$_D$ He]$_k$ [$_{AgrS'}$...[... $_{vP}$ [$_D$ t$_k$][$_{v'}$[$_v$ handed$_i$] [$_{VP}$[$_{PP}$ to her]
　　　　　[$_{v'}$ [$_v$ t$_i$][$_{DP}$ the napkin]]]]]]
　　b. [$_{AgrSP}$[$_D$ He]$_k$ [$_{AgrS'}$... [... $_{vP}$ [$_D$ t$_k$][$_{v'}$ [$_v$ handed$_i$] [$_{VP}$[$_D$ her]
　　　　　[$_{v'}$ [$_v$ t$_i$][$_{DP}$ the napkin]]]]]]
　　c. [$_{AgrSP}$[$_D$ He]$_k$ [$_{AgrS'}$...[...$_{vP}$[$_D$ t$_k$][$_{v'}$[$_v$ complained$_i$] [$_{VP}$[$_{PP}$ to
　　　　　her][$_{v'}$[$_v$ t$_i$][$_{PP}$ about the meal]]]]]]

　(7)에서 *He handed the napkin to her*의 문장을 도출할 때 (8)이 보여
주는 것처럼 목적어가 외현적으로 이동한다. 즉 *the napkin*이 VP 안의 보충
어자리에서 VP 지정어자리에 있는 *to her*를 넘어 더 상위에 있는 AgroP의
지정어자리로 이동을 하고, 동사도 vP로부터 외현적으로 이동하여, Agro로
먼저 이동하고 이어서 이동한 DP *the napkin*을 넘어 더 상위의 핵 X로 이

동한다.

(8) [$_\text{AgrSP}$ he$_k$ [$_\text{XP}$ handed$_i$(X) [$_\text{AgrOP}$[the napkin]$_j$ t$_i$(Agr$_O$) [$_\text{vP}$ t$_k$
t$_i$(v) [$_\text{VP}$ [$_\text{PP}$ to her] t$_i$(V) t$_j$]]]]]

Koisumi(1993)는 DP가 AgroP의 지정어자리로 이동하고 V가 Agr$_O$로 이동하는 것은 V의 격자질 때문이라고 주장했다.3) 강자질인 대격자질이 접합점조건을 위배하지 않기 위해서, 동사가 외현적으로 Agr$_O$로 이동하고 the napkin이 AgroP의 지정어자리로 이동하여 격자질이 지정어-핵일치에 의해 제거될 수 있다. Lasnik(1995, 1999a,b, 2002)은 이러한 강자질을 Agr에 있는 EPP자질로 다루었다.4)

영어의 목적어 이동에 대한 증거들을 살펴보기 전에 목적어 이동분석의 결과들에 관하여 간단히 논하겠다. Agr$_O$에 있는 강자질(격 혹은 EPP) 때문에 DP와 동사가 외현적으로 이동한다고 가정하면, (8)에서 보여준 구조는 대상과 목표논항이 둘 다 DP로 실현되는 문장을 도출하게 된다.

(9) a. He handed [$_\text{D}$ her][$_\text{DP}$ the napkin].
b. He spared [$_\text{D}$ me][$_\text{DP}$ the details].

즉 (10)에서와 같이 두 개의 DP가 모두 외현적으로 목적어이동을 한다.

---

3) 영어의 외현적 목적어 이동은 Johnson(1991)에 의해서 제일 먼저 제안되었고, 이어서 Koizumi(1993), Runner(1995a,b, 2000, 2001), Lasnik(1995, 1999a, b, 2002)에 의해서 제안되었다.
4) 여기서 EPP자질은 주어를 외현적으로 이동하게 하는 자질과 같다고 본다.

(10) [AgrSP hem sparedi [AgrIOP [D me]k ti [AgroP [the details]j ti

[vP [D tm] ti [VP [D tk] ti [DP tj]]]]]]

이와 같은 분석은 일관성 있게 DP이동을 허용하기는 하지만 (8)과 (10)에서 보여주는 다양한 이동들은 최소원칙을 위배한다. (11)에서 보여주듯이, vP지정어 자리에서부터 주어가 AgrsP지정어 자리로 이동할 때 AgroP 지정어 자리와 AgrIoP지정어 자리를 넘어서 이동하는데, AgroP와 AgrsP의 지정어자리는 vP지정어 자리로부터 동일한 거리에 있지 않다. 마찬가지로, VP지정어 자리로부터 간접목적어가 AgrIoP지정어 자리로 이동할 때 vP지정어 자리와 AgroP 지정어 자리를 넘어서 이동한다. 결과적으로 vP지정어 자리와 AgrIoP지정어 자리는 간접목적어의 기저자리로부터 동거리에 있지 않다.

(11) [AgrSP [AgrIOP [AgroP [vP SU [VP Goal Theme]]]]]

이러한 문제를 해결하기 위해서, Koizumi(1993)는 주어가 VP지정어 자리에서 생성된다는 동사구내재주어가설(VP-internal Subject hypothesis)을 수정할 것을 제안했다. 그는 일명 분리동사구가설(Split VP Hypothesis; Koizumi 1993)을 제안했는데, (12)에서와 같이 동사의 의미역영역이 중간에 있는 기능범주에 의해서 분리되며 따라서 동사의 내재논항과 외재논항은 같은 영역 안에 있지 않게 된다. 중요한 것은 분리동사구가설이 주어가 표층구조의 위치보다는 구조적으로 아래 자리에서 생성된다는 가설과 상충하지는 않는다.

(12) a. [vP[spec ext. arg.][v' [v][AgrIOP ... [AgroP ... [VP int. arg(s).]]]]]

분리동사구가설은 앞에서 지적한 최소조건을 준수할 뿐 아니라, Agr$_{IO}$P 위에 있는 동사핵(편의상 X로 표기함)의 특성을 설명할 수 있다. 이 동사핵 자리를 (13)에서와 같이 외패각 vP의 핵으로 지정할 수 있다. 동사가 기저자리로부터 중간의 기능핵 자리를 거쳐서 이동하는 것은 완전해석원리로 설명할 수 있다. 즉 동사의 논항구조가 방출하지 않은 강D-자질인 의미역을 가지고 있기 때문이다.[5] (13a)는 Agr$_{IO}$P가 투사되지 않았다는 점에서 (13b)와 다르다.

(13)　a. [$_{v'}$ [$_{v}$ handed$_i$] [$_{AgrOP}$ [$_{DP}$ the napkin]$_j$ [$_{AgrO'}$ [$_{AgrO}$ t$_i$][$_{VP}$ [$_{PP}$ to her] [$_{v'}$ [$_{v}$ t$_i$][$_{DP}$ t$_j$]]]]]]

　　　b. [$_{v'}$ [$_{v}$ handed$_i$] [$_{AgrIOP}$ [$_{D}$ her]$_k$ [$_{AgrIO'}$ [$_{AgrIO}$ t$_i$][$_{AgrOP}$ [$_{DP}$ the napkin]$_j$ [$_{AgrO'}$ [$_{AgrO}$ t$_i$][$_{VP}$ [$_{D}$ t$_k$][$_{v'}$ [$_{v}$ t$_i$][$_{DP}$ t$_j$]]]]]]]

　　외현적 목적어이동에 대한 첫 번째 증거는 (14)와 같은 ECM구조에서 볼 수 있다. (14)에서 비시제절의 주어가 주절 부사보다 앞에 나온다.[6] (14)에 있는 정문의 기저구조는 (16)과 같다.

(14)　a. I have found Bob$_i$ *recently* [to be t$_i$ morose]. (Postal 1974)

　　　b. I suspect him$_i$ *strongly* [to be t$_i$ a liar]. (Authier 1991)

---

5) vP의 핵이 강자질을 가지고 있다는 가정은 Lasnik(1991a), Chomsky(1995), Radford(1997)에서 제안되었다.
6) 여기서 목적어가 이동하는 것이 아니라 비시제절 주어가 주절의 AgrOP지정어 자리로 이동하는 것이기 때문에 정확히 말하면 목적어 이동이 아니라 목적어자리 또는 목적격을 받을 수 있는 자리로의 이동이다.

(15)　a. *I have found *recently* [Bob to be morose].

　　　b. *I suspect *strongly* [him to be liar].

(16)　a. [$_{vP}$ found$_j$ [$_{AgrOP}$ [$_D$ Bob]$_i$ [$_{XP}$ recently t$_j$　[$_{vP}$ t$_j$ [$_{TP}$ to [$_{vP}$
　　　be [t$_i$ morose]]]]]]]]

　　　b. [$_{vP}$ suspect$_j$ [$_{AgrOP}$ [$_D$ him]$_i$ [$_{XP}$ strongly t$_j$　[$_{vP}$ t$_j$ [$_{TP}$ to [$_{vP}$
　　　be [t$_i$ a liar]]]]]]]]

외현적 목적어이동에 대한 두 번째 증거는 (17)과 같은 유사공백구문
(pseudogapping)에서, 동사나 동사구 안에 있는 요소들이 생략된 경우이다.

(17)　a. If you don't believe me, you will <u>believe</u> the weatherman.

　　　b. Kathy likes astronomy, but she doesn't <u>like</u> meteorology.

　　　c. The DA proved Jones guilty and the Assistant DA will
　　　　 <u>prove</u> Smith guilty.

　　　d. ?John gave Bill a lot of money, and Mary will <u>give</u>
　　　　 Susan <u>a lot of money</u>. (adapted from Lasnik 2002:194)

Lasnik(2002)은 생략을 동사구 전체에 적용되는 PF삭제 현상으로 보았
다. (18)과 같은 생략구조는 생략되지 않은 구조(예 (13))와는 달리 동사가
vP의 핵자리로 이동하지 않는다.

(18)　[$_D$ you]$_j$ will[$_{vP}$ t$_j$ [$_{AgrOP}$ [$_{DP}$ the weatherman]$_i$ [$_{vP}$ **believe** [$_{DP}$
　　　t$_i$]]]]

그렇다면 생략이 일어나지 않은 구문에서는 동사이동이 필수적인데 반하

여 생략구문에서는 동사이동이 왜 수의적인가 하는 문제가 생긴다. Lasnik (2002)은 vP의 핵자질에 강V-자질이 있음을 제안했는데, 이러한 강자질은 PF충돌이 일어나지 않기 위해서 제거되어야만 한다. 강자질을 제거하는 방법에는 두 가지가 있다. 하나는 자질유인(즉 비외현적이동)이고, 다른 하나는 유인자질을 지닌 음성형태의 동반이동(pied-piping 즉 외현적이동)이다. Lasnik(2002)은 생략구문에서 동사가 이동할 수 없는 것은 v의 강자질이 V의 자질을 유인한 이후에는 음성적으로 결함이 있기 때문인 것이라고 제안했다. 동반이동이 일어나지 않아서 도출이 FP파탄을 하거나, 아니면 VP를 삭제함으로써 합치할 수 있다. Lasnik(1999a, 1991b)의 제안을 받아드려, v의 강자질을 의미역자질로 보고, V의 외재 의미역자질을 유인하여, vP지정어 자리에 외재의미역을 할당한다고 제안한다.

그런데 Lasnik(1995, 1999a, b, 2002)은 (19)에서 VP삭제가 일어나지 않는 이유를 설명할 수 없다.

(19) a. *Al called Pat a lunatic, and George did <u>insult Pat</u> (too).
      b. *You will <u>believe</u> the weatherman. (out of the blue)
         ((a) from Smith (2001))

(19)의 비문을 설명하기 위해서 Lasnik의 VP삭제는 의미-화용론적 조건을 따라야한다. 즉 삭제된 요소들이 음성적으로 실현된 문맥으로부터 회생되기 위해서는 반드시 선행사가 있어야 한다. Tancredi(1992)의 제안을 받아드리면 VP삭제를 일종의 강한 비강세화(de-accenting) 형태로 볼 수 있다. 즉 삭제는 비강세화가 일어날 수 있는 상황에서 일어난다. 비강세화는 초점화된 요소를 변수로 대치함으로써 일어난다. 즉 (20)에서 초점화된 요소 *Al, George, you, the weather*를 변수로 대치함으로써, (21)처럼 초점과 관련된

화제(focus-related topic)를 만들게 된다.

(20) a. George likes winning votes as much as AL *likes winning votes*/likes winning votes.

b. *Al called Pat a lunatic, and GEORGE did *insult Pat (too)*/insult Pat (too).

c. * YOU will *believe*/believe THE WEATHERMAN.

((a) & (b) adapted from Smith 2001:178f.)

(21) a. X likes winning votes

b. X did insult Pat

c. X will believe Y

(20a)에서 *X likes winning votes*가 주절 안에도 나타나는데, (20b)에서 *X did insult Pat*은 그렇지 않다. (20c)는 문맥이 없이 갑자기 한 발화이기 때문에 *X will believe Y*는 실현될 수 없다.

마지막으로 (22)의 등위구조가 외현적 동사이동에 대한 증거를 제공하고, 외현적 목적어이동에 대해서는 간접적인 증거를 제공한다. Munn(1987)의 제안을 받아드려, 등위구조는 기능투사 :P를 가진다고 본다. 또한 첫 번째 대등구는 :P의 지정어 자리에서 생성된다고 보고, 보충어 자리에 있는 두 번째 대등구를 비대칭적으로 성분통어한다고 가정한다.7) 중요한 것은 :P가 마치 자신의 지정어 자리에 있는 구성소와 같이 행동하며 따라서 자유롭게 구조 안으로 병합될 수 있다.

---

7) 이와 같은 가정은 Kayne(1994), Rijkhoek(1998), Bianchi(1999)에서 제안되었다.

(22) a. I handed [$_{:P}$[the napkin to her][$_{:'}$ [$_{:}$ and][the plate to him]].

b. He handed [$_{:P}$[her the napkin][$_{:'}$ [$_{:}$ and][him the plate]].

c. He complained [$_{:P}$[to her about the meal][$_{:'}$[$_{:}$ and][to him about wine]].

(22a)는 AgroP의 등위구조를, (22b)는 AgrioP의 등위구조를, (22c)는 VP 등위구조를 포함한다.

(23) a. [$_{v'}$ [$_v$ handed] [$_{:P}$[$_{AgroP}$ the napkin to her][$_{:'}$ [$_{:}$ and][$_{AgroP}$ the plate to him]]]].

b. [$_{v'}$ [$_v$ handed] [$_{:P}$[$_{AgrioP}$ her the napkin][$_{:'}$ [$_{:}$ and][$_{AgrioP}$ him the plate]]]].

c. [$_{v'}$ [$_v$ complained] [$_{:P}$[$_{vP}$ to her about the meal][$_{:'}$[$_{:}$ and] [$_{vP}$ to him about wine]]]].

이러한 분석은 자동적으로 v로 이동한 동사가 두 번째 대등구와 어떻게 관계를 맺을 수 있는가 하는 문제를 일으킨다. 가장 간단한 해결책은 두 번째 대등구에 있는 동사적 요소는 첫 번째 대등구에 있는 동사와 같기 때문에 PF 삭제가 일어난다고 보는 것이다.

그러나 :P가 VP, AgroP, 혹은 AgrioP와 병합할 시점에 동사의 투사가 끝났다고 하면, 두 번째 대등구는 vP를 포함하지 않게 되며 따라서 두 번째 대등구 동사의 외재 의미역이 주어지는 vP지정어 자리를 포함하지 않게 된다. 따라서 도출은 LF에서 파탄하게 된다. 방출하지 않은 외재 의미역은 의미해석에서 핵심적이기 때문에 LF삭제에 의해서 제거할 수 없다.

따라서 등위구조는 vP보다 작은 단위여서는 안 된다. vP등위구조는 LF

합치와 관련된 모든 이동이 일어날 수 있도록 보장할 뿐 아니라, 두 번째 대등구에서 주어와 동사의 삭제를 가능하게 한다. Ochi(1999)와 Lasnik(2002)의 제안을 받아드려, v의 강자질(즉 의미역자질)이 동사의 자질을 유인하고 따라서 동사가 음성적으로 결함이 있게 된다고 제안한다. 이 시점에서 동사의 음성형태를 동반이동하거나 삭제함으로써 적법한 문장을 도출할 수 있다. 삭제가 동반이동보다 경제적이기 때문에 동사가 제자리에서 삭제된다고 가정하자.

3.1.1 간접목적어 (비)이동

지금까지 (24a)의 목표논항이나 (24b)의 대상논항과 목표논항이 일반적인 PP와 같아서 격점검을 받지 않고 따라서 제자리에 남아 있다고 가정했다 ((9)와 비교).

    (24) a. He handed [DP the napkin][PP to her].
           b. He complained [PP to her][PP about the meal].

그러나 (24)의 전치사적인 요소(*to, about*)와 일반적인 어휘전치사의 차이를 고려하면, 이러한 가정이 적절하지 않다는 것을 알 수 있다. (24)의 전치사적 요소는 종종 문법적 전치사, 문법화된(grammaticalized) 전치사, 또는 의미가 결여된 전치사 혹은 격-전치사로 다루어졌던 것을 보면 이러한 요소들이 어휘적 요소이기보다는 기능적 요소로 보는 것이 더 타당하다. 따라서 (24)의 전치사적 요소는 내재격이 문자화된 것으로 보고, (25)에서와 같이 명사류 투사로 볼 것을 제안한다.8)

---

8) 이러한 제안은 Rauh(1996, 1997, 2002b), Bittner & Hale(1996)의 분석을 도입한

(25) a. [$_{KP}$ [$_K$ to]][[$_{D(P)}$ her]]

b. [$_{KP}$ [$_K$ about]][[$_{D(P)}$ the meal]]9)

Rauh(1996, 1997a, b, 2002b)가 격-전치사의 KP-분석을 지지하기 위하여 제시한 두 가지 주장을 정리하면 다음과 같다. 첫째, (24)의 전치사적 요소의 음성형태는 (26)에서와 같이 KP를 내재논항으로 취하는 어휘핵에 의해서 선택된다. 예를 들면 *put*처럼 전치사구 내재논항을 취하는 동사에서는 음성형태 선택이 나타나지 않는다(예문27 참조).

(26) a. He handed the napkin [{to, *over, *behind} her].

b. He complained [{to, *over, *behind} her] [{about, *over, *near} the meal].

(27) He put his wallet [{under, behind, near on, into} the pillow cases].

두 번째로, KP는 결속과 관련해서 PP보다는 DP처럼 행동한다. (28)과 (29)를 비교해보자.

(28) a. He$_i$ cursed [$_{DP}$ himself$_i$ /*him$_i$] for doing this.

b. He$_i$ complained [$_{KP}$ to himself$_i$ /*him$_i$] about the meal.

c. He$_i$ put the book [$_{PP}$ near *himself$_i$ / him$_i$]

(29) a. He fed [$_{DP}$ the crocodiles$_i$] several times each$_i$.

것이다.

9) KP는 Kase Phrase를 나타낸다.

b. She complained to him [$_{KP}$ about his crocodiles$_i$] several times each$_i$.

c. She complained [$_{KP}$ to the doctors$_i$] [about the migraine] several times each$_i$.

d. *He put his wallet [$_{PP}$ under the pillow cases$_i$] several times each$_i$.

(24a, b), (28b), (29c)에 있는 목표논항과 (24b)와 (29b)의 대상논항이 PP((27), (28c), (29d))가 아니라, 명사류 투사인 KP라는 가정을 따르면, KP는 지정어-핵 일치에 따라 격점검을 받아야 한다.

Rauh(1996, 2002b)분석에서 KP의 핵인 전치사적 요소들은 한편으로는 이미 격형태이고 다른 한편으로는 여전히 전치사이기 때문에 이중적 (double-faced)이다. 즉 내재격이 문자화된 것이기도 하고 자신의 보충어 DP에 격을 할당하기도 한다. 그러나 여기서 이중적이라는 것이 KP가 지정어-핵 일치에 따라 격점검을 받지 않아도 된다는 것을 의미하지는 않는다. 내재격도 (30)에서와 같이 일치와 관련된 기능투사 안에서 지정어-핵 일치로 점검되어야 할 것을 제안한다. 그러나 이러한 제안은 (31)을 정문으로 잘못 예측하게 된다.

(30) [$_{v'}$ [$_v$ handed]$_i$ [$_{AgrIOP}$ [$_{KP}$ to her]$_K$ [$_{AgrIO'}$ [$_{AgrIO}$ t$_i$][$_{AgrOP}$ [$_{DP}$ the napkin]$_j$ [$_{AgrO'}$ [$_{AgrO}$ t$_i$][$_{VP}$ [$_{KP}$ t$_k$] [$_{v'}$ [$_v$ t$_i$] [$_{DP}$ t$_j$]]]]]]]]]

(31) *He handed to her the napkin.

*the napkin*이 Agr$_{IO}$P 지정어자리에 있는 *to her*를 넘어 동사투사 범주 안에 있는 좀 더 상위의 자리로 이동한다고 제안한다. 이와 같은 기능범주의

특성이나 DP와 V를 외현적으로 이동하게 하는 동기를 살펴보기 전에 먼저 V-D(P)$_{goal}$-DP$_{theme}$ 이중목적어 구문((32))과 V-DP$_{theme}$-KP$_{goal}$ 이중목적어구문((33))에서 의미가 어떻게 다른지 보자.

(32) a. She sent [$_{DP}$ her friend][$_{DP}$ a rubber frog].
     b. He handed [$_{D}$ her][$_{DP}$ the napkin].
     c. She gave [$_{D}$ him][$_{DP}$ the keys].

(33) a. She sent [$_{DP}$ a rubber frog][$_{KP}$ to her friend].
     b. He handed [$_{DP}$ the napkin][$_{KP}$ to her].
     c. She gave [$_{DP}$ the napkin][$_{KP}$ to him].

(32)와 (33)은 상(aspectual)자질과 관련해서 차이를 보인다고 종종 주장되어 왔다. (32)와 같은 간접목적어이동 구조에서는 사건이 대상명사구를 받는 목표명사구에 의해서 한계가 정해진다(delimited). 즉 *a rubber frog*를 받는 *her friend*가 사건의 한계를 정한다. 반면 (33)에서는 사건이 대상명사구가 영향을 받는 순간에 즉 *the rubber frog is sent* 한 순간에 한계가 정해진다. Sato(1995)는 (32)와 (33)의 시간적 차이를 설명하기 위해서 두 개의 구별된 하위사건 E1과 E2를 제안했는데, E1은 처음 과정에 해당되고 E2는 과정의 결과-상태에 해당된다. 결과-상태인 E2는 상 기능투사와 연관이 있는데 이것을 Tel(icity)P로 표기하겠다.

(34) ... [$_v$[$_v$[$_{TelP}$ E2 [$_{Tel'}$ [$_{Tel}$][$_{VP}$]]]]

상동사(telic V)는 자신의 상 자질을 점검하기 위해서 TelP의 핵자리로 이동하고 대상명사구나 목표 KP를 TelP의 지정어 자리로 이동하게 하여 사건을 한정한다. Sato(1995)는 (35a)의 *her friend*와 (35b)의 *a rubber frog*의 격점검이 TelP의 지정어-핵 일치 아래 일어난다고 주장했다.

(35) a. $[_v[_v$ sent$]_i$ $[_{TelP}$ $[_{DP}$ her friend$]_j$ $[_{Tel'}$ $[_{Tel}$ t_i $][_{VP}$ $[_{DP}$ $t_j$$]$ $[_v[_v$ $t_i]$ $[_{DP}$ a rubber frog$]]]]]]$

b. $[_v[_v$ sent$]_i$ $[_{TelP}$ $[_{DP}$ a rubber frog$]_j$ $[_{Tel'}$ $[_{Tel}$ t_i $][_{VP}$ $[_{KP}$ to her friend$]$ $[_v[_v$ t_i $]$ $[_{DP}$ $t_j]]]]]]$

상자질(aspectual feature)과 격자질이 같은 기능핵 안에서 점검되지 않는다. 즉 상자질은 TelP에서 지정어-핵 일치에 의해 점검되고, 격자질은 AgroP와 AgrₗₒP에서 핵-지정어 일치에 의해 점검된다. 이때 TelP는 AgrₗₒP를 관할한다.

(36) a. $[_v$ sent$_i$ $[_{TelP}$ $[_{DP}$ a frog$]_j$ t_i $[_{AgrIOP}$ $[_{KP}$ to her friend$]_k$ t_i $[_{AgrOP}$ $[_{DP}$ t_j $]$ t_i $[_{VP}$ t_k t_i $t_j]]]]]$

b. $[_v$ sent$_i$ $[_{TelP}$ $[_{DP}$ her friend$]_j$ t_i $[_{AgrIOP}$ $t_i[_{AgrOP}$ $[_{DP}$ a frog $]_k$ t_i $[_{VP}$ t_k t_i $t_j]]]]]$

이와 같은 분석은 격-전치사가 명사류 투사인 KP의 기능핵이며, KP가 지정어-핵일치에 의해 격점검을 받아야 하는 것을 설명할 수 있을 뿐 아니라, 대상명사구가 목표명사구보다 앞에 나오는 것을 설명할 수 있다.

3.1.2 요약

하나 이상의 내재논항을 취하는 어휘동사는 각각의 논항에 대하여 패각

구조를 투사한다는 가정 아래, 동사는 항상 대상논항과 제일 먼저 병합한다고 주장했다. 대상논항이 목표논항보다 앞에 나오는 문장은 대상논항이 AgroP의 지정어자리로 이동하고, 목표논항이 Agr$_{IO}$P의 지정어자리로 이동함으로써 도출된다. 직접목적어와 간접목적어의 외현적 이동은 격자질이 점검되어야 하기 때문이다. 외현적 목적어이동이 최소조건을 위배하기 때문에, 동사의 의미역영역이 일치와 관련된 기능투사를 설정할 수 있도록 분리되어야 한다고 주장했다. 동사의 외재논항과 내재논항은 같은 최소영역에서 생성되지 않는다. 즉 외재논항은 vP지정어 자리에서 생성되고, 내재논항들은 VP 안에서 생성된다. 동사가 vP 핵으로 외현적 이동을 하는 것은 v의 강의미역 자질 때문이라고 주장했다. 또한 이중목적어 구문에서 간접목적어 이동이 일어난 문장과 그렇지 않은 문장에서 목적어의 순서를 설명하기 위해서 제안한 분석을 좀 더 정교하게 다듬었다. 첫째, 간접목적어이동이 일어나지 않은 구문에서 간접목적어는 명사류 구성소(KP)로 다루었는데, 이것들은 격점검을 받을 수 있는 적절한 지정어 자리로 반드시 이동을 해야 한다. 두 번째는 간접목적어이동이 일어난 문장에서 간접목적어 자리에 관한 것이다. 간접목적어 이동이 일어난 문장과 그렇지 않은 문장의 차이를 상으로 설명했는데, 상은 기능투사인 TelP와 관련이 있고 AgroP와 Agr$_{IO}$P와 구별되어야 한다. 이렇게 함으로써 이중목적어구문에서 명사류 구성소의 인허와 상대적 어순을 적절하게 설명할 수 있음을 보여주었다.

3.2 어휘층위 안에 있는 부사들의 분포와 인허

양태부사는 능동태의 경우 동사 다음에 오고, 수동태의 경우에는 동사 앞에 올 수도 있고 동사 뒤에 올 수도 있다.[10] 이와 같은 현상은 능동태동사와 수동태동사가 각각 다른 어휘층위를 투사하여 동사가 각기 다른 이동특성을 보이기 때문이라고 제안하겠다. 이러한 분석은 양태부사와 내재논항의 어순을 설명할 수 있다. 즉 양태부사는 vP 안에서 생성되기(vP-boundedness) 때문에, 굴절층(inflectional layer) 안에 있는 동음이의어의 부사들(예, 주어 관련 부사나 능동태의 행위자지향 부사)과 도출에 있어 아무런 관련이 없다는 것을 보여주겠다. 또한 수동태에서 행위자지향 부사들과 *by-phrase*를 다루겠다. 하나 이상의 vP-부사들이 함께 나타나는 것을 다루고 구조적 다양성 관점에서 분석을 약간 수정하여 설명하겠다. 또한 완수부사는 vP 안에 있는 다른 부사들과는 달리 내재적 상 자질을 가진 어휘동사와 포합할 수 있다고 제안하겠다. 동사 다음에 부사가 오는 경우를 제외한 어순들은 부사가 동사와 포합하여 [v [V] [adv]]의 복합체를 만들고 이것이 이동을 하기 때문이라는 것을 보여주겠다. 완수부사가 동사 앞에 오는 경우와 다른 vP부사들보다 앞에 오는 것은 부사가 동사와 포합하여, 복합체인 [v [V] [adv]]가 TelP의 핵으로 이동한 후 동사만 핵분리를 하면 완수부사가 동사의 내재논항 사이에도 올 수 있다는 것을 제안하겠다.

3.2.1 양태부사와 분사(Participle)의 어순

어휘층위 안에는 부사들을 위한 기능범주가 있다고 제안한다. 동사가 능동태인가 수동태인가에 따라 양태부사의 어순이 다르다는 경험적 자료를 이 제안의 증거로 제시하겠다. (37)과 (38)에서 보여주듯이, 양태부사는 수동태의 경우에는 동사 앞에 올 수도 있고 동사 뒤에 올 수도 있다. 반면 능동태에

---

10) 여기서 양태부사(manner adverbs)는 진짜 양태부사(manner adverbs proper)뿐 아니라 완전정도부사(degree of perfection adverbs)와 수단-영역부사(means-domain adverbs)를 포함하는 일종의 총칭으로 사용된다.

서는 항상 동사 뒤에 와야 한다.[11]

(37) a. The lid has been (*carefully*) opened *carefully* (by Bob).
   b. The spider has been (*deliberately*) squashed *deliberately* (by Joe).
   c. The cake has been (*beautifully*) decorated *beautifully* (by Paul).
   d. The invitations were (*electronically*) sent *electronically* (by Tom).

(38) a. Bob (*carefully) opened the lid *carefully*.
   b. Joe (*deliberately) squashed the spider *deliberately*.
   c. Paul (*beautifully) decorated the cake *beautifully*.
   d. Tom (*electronically) sent the invitations *electronically*.

Ernst(1984, 1985)가 지적했듯이, 전통적 범주인 '양태부사'는 일관성 있는 하나의 어휘범주라기보다는 다양한 종류의 어휘부류들을 모아놓은 것이다. (37)과 (38)에 있는 부사들을 의미를 바탕으로, (37a, 38a)의 경우는 양태부사, (37b, 38b)는 행위자지향 부사, (37c, 38c)는 완벽성정도 부사, (37d, 38d)는 수단-영역부사로 분류하겠다. 각각의 부사들의 특성을 설명하고 이러한 부사들의 분포와 인허를 일관성 있게 설명할 수 있는 통사적 분석을 제안하겠다.

---

11) (38a, b)에서 *carefully*와 *deliberately*가 주어관련 부사일 경우에는 동사 앞에 올 수 있다. 즉 주어관련 부사는 '*뚜껑을 여는 행위*'와 '*거미를 짓누르는 행위*'와 관련된 주어의 태도를 설명한다.

3.2.2 양태부사

Frey & Pittner(1999), Pittner(1999, 2000a, 2004), Frey(2000)의 제안을 받아드려 진정한 양태부사는 (39)에서와 같이 항상 동사 다음에 오고, (40)과 같이 동사 앞에 오는 것처럼 보이는 양태부사는 사실은 주어-관련부사임을 제안한다.

(39) a. Bob (has) removed the lid *carefully*.
      b. He (has) stirred the salt *slowly* into the soup.
      c. He has eaten his dinner *quietly*.

(40) a. Bob (has) *carefully* removed the lid.
      b. He (has) *slowly* stirred the salt into the soup.
      c. He has *quietly* eaten his dinner.

(39a)와 (40a)의 *carefully*가 구조적으로 다르다는 주장에 대한 증거는 동사 앞에 오는 부사만이 (41b)와 같은 의역(paraphrase)을 허용한다. (41a)의 의역이 보여주듯이, 동사 뒤에 오는 *carefully*는 주어를 수식하는 것이 아니기 때문에 여기서 주어가 *careless* 할 수도 있다(*Bob carelessly removed the lid carefully*).

(41) a. Bob removed the lid *carefully*. (≠ Bob removed the lid, being careful in doing so.)
      b. Bob *carefully* removed the lid. (= Bob removed the lid, being careful in doing so.)

양태부사는 어휘층위인 vP 안에서 생성되고, 주어관련 부사들은 굴절층 안에서 생성되기 때문에 양태부사와는 도출적으로 관련이 없다. 양태부사와 주어관련 부사들을 구조적 자리로 구분하는 것은 부사를 의미적으로 과정-관련(process-related)부사와 사건-관련(event-related)부사로 구분하는 것과 같다.

이와 같이 동음이의어 부사들을 양태부사와 주어관련 부사로 구분해야 한다는 주장은 모든 양태부사가 동사 앞에 올 수 있는 것이 아니고 또한 두 종류의 부사가 한 문장 안에 같이 올 수 있다는 사실을 증거로 제시할 수 있다.

(42) a. He has (*loudly) snored loudly.

 b. They (*unfairly) dismissed her unfairly.

 c. Marvin (carefully) sliced all the bagels carefully.

 d. John has been (cleverly) answering their questions cleverly/stupidly.

 ((c) from McCawley 1983:276; (d) from Cinque 1999:19)

반면 수동태에서는 양태부사가 동사 앞에 올 수도 있고 동사 뒤에 올 수도 있다.

(43) a. Couldn't they have been secretly shot (secretly)?

 b. He was also hailed as the saviour of the Conservative Party in Scotland, another claim that has been silently buried (silently).

 c. Only once the transfer of power had been smoothly effected (smoothly)[...], had Sir Charles Dobson been allowed to die.

d. If you feel you have been (*unfairly*) selected *unfairly* you can complain to the Advisory Conciliation and Arbitration Service.

(44)의 *harshly, carefully*와 (45)의 *well, slow, hard, fast*와 같은 양태 부사는 항상 동사 다음에 와야 한다고 주장해 왔다.

(44) a. They (*harshly) treated him *harshly*.
      b. They (*carefully) worded their complaints *carefully*.

(45) a. He (*well) works *well* with traditional elements.
      b. He (*slow) drove *slow*!
      c. She (*hard) worked *hard* at school ...
      d. Handel did *(*fast*) compose *fast*, however.

*harshly*와 *carefully*가 항상 동사 다음에 와야 한다는 것은 전통적으로 하위범주화로 설명되었다. *treat*와 *word*와 같은 동사들은 양태부사를 보충 어로 하위범주화하기 때문에 양태부사들은 항상 동사 다음에 온다는 것이다. Ernst(2002)는 *treat*와 같은 동사는 부사가 없이는 기능을 충분히 하지 못하 기 때문에 (44a)가 비문이라고 설명했다. 즉 동사가 전달하는 정보가 충분하 기 위해서 부사는 동사 뒤에 와야 한다. (44b)는 (44a)보다는 덜 비문법적인 데 이 경우는 하위범주화의 특성 때문이라기보다는 동사의 문맥의존성 때문 인 것으로 본다. 예를 들면 문맥의 전제를 바꿈으로써 *word*는 양태부사 없 이 사용될 수 있다.

(46) We've figured out the content of all the exam question, but
      we haven't *worded* them yet. (Ernst 2002)

*hard, well, quick*가 동사 다음에 와야 하는 사실을 설명하기 위해서
Ernst(2002, 2004)는 이러한 부사들은 내재적으로 [+Heavy]하기 때문에 동
사 뒤에 와야만 한다고 주장했다. 그러나 이러한 부사들을 어휘적으로 표기
하는 것은 양태부사가 어휘층위인 vP안에서 생성되기 때문에 잉여적이라고
볼 수 있다. 이러한 부사들은 주어관련 부사로 사용될 수 없기 때문에 능동
태에서 동사 앞에 올 수 없다. 엄격히 말해서, *harshly, carefully, elegantly,
well, hard*는 수동태에서 동사 앞에 올 수도 있고 동사 뒤에도 올 수 있기
때문에 양태부사로 볼 수 있다.

(47) a. She's been told he's being *harshly* treated (*harshly*).
      b. The ground had been *well* prepared (*well*).
      c. Rural areas have been *hard* hit (*hard*) by the recession.

*slow*와 *fast*는 (48)에서와 같이 수동태의 경우에도 동사 앞에 올 수 없는
데 이것은 놀랄만한 일이 아니다. 일반적으로 -*ly* 형태를 가지지 않는 양태부
사는 동사 다음에 오기 때문이다((Radford (1988), Pittner (2001)).

(48) a. *Birthday presents should be *slow* opened.
      b. *The 'Messiah' had been *fast* composed.

3.2.3 행위자지향 부사

행위자지향 부사(agent-oriented adverb)는 양태부사의 한 종류로 동사

의 논항구조에 행위자가 있을 때 허용된다. (49)의 문장들은 *rain*, *explode*, *read*가 행위자 논항을 취하지 않기 때문에 비문이다.

(49) a. *It rained.
      b. *The bomb exploded.
      c. *This book reads.

일반적으로 *reluctantly*, *intentionally*, *deliberately*, *willingly*, *obediently*와 같은 부사들은 표층주어가 잠재적 행위자가 될 수 있을 때 함께 사용될 수 있거나, *by-agent*로 표현될 수 있는 행위자 논항과 함께 사용될 수 있다. 따라서 (50a)에서 부사 *reluctantly*는 *Joe*나 *the doctor*를 수식한다. (50b)에서는 부사가 논리주어인 *the doctor*를 수식할 수 있는데 그것은 표층주어인 *the corpse*는 잠재적으로 행위자가 될 수 없기 때문이다.

(50) a. Joe was *reluctantly* examined by the doctor.
      b. The corpse was *reluctantly* examined by the doctor.

이와 같은 부사의 중의성은 부사가 수동분사 바로 앞에 올 때만 나타난다((50)과 (51, 52)비교). *reluctantly*와 같은 부사들이 비어휘적 동사나 표층주어보다 앞에 나오면(51), 그 부사들은 표층주어하고만 관계가 있다. 반면 (52)에서는 부사가 분사 뒤에 오는데 이 경우에는 논리주어와만 관계가 있다.

(51) a. Joe *reluctantly* was examined by the doctor.
      b. Joe has *reluctantly* been examined by the doctor.

c. Joe could have *reluctantly* been examined by the doctor.

d. *Reluctantly*, Joe was examined by the doctor.

(52) a. Joe was examined *reluctantly* by the doctor.

b. Joe has been examined *reluctantly* by the doctor.

c. Joe could have been examined *reluctantly* by the doctor.

반면 능동태의 경우 행위자지향 부사는 항상 표층주어와 관계가 있다. 즉 이 경우는 주어관련 부사로써 vP 밖에 있다.

(53) a. The doctor *reluctantly* examined Joe.

b. The doctor has been *reluctantly* examining Joe.

c. *Reluctantly*, the doctor examined Joe.

(50a)의 문장이 *Joe is reluctant*일 수도 있고, *the doctor is reluctant*일 수도 있다는 사실을 잠시 보류하면, 수동태에서 행위자지향 부사들이 분사 앞에 올 수도 있고 분사 뒤에 올 수도 있기 때문에 마치 양태부사와 같다.

(54) a. The aircraft was *reluctantly* grounded.

b. This region was *intentionally* ignored.

c. Mills was *deliberately* besmirched by the KGB.

d. The Pentagon line has been *obediently* parroted by the bulk of the American media.

(55) a. This action has been taken *reluctantly*.

b. The representation must have been made *intentionally*.

c. The blows had been struck *deliberately*.

d. This spin has been parroted *obediently* by the pack of right wing lapdog pundits.

3.2.4 완벽성정도 부사

beautifully, *horribly*, *perfectly*, *poorly*와 같은 부사는 주어진 행위가 얼마나 완벽하게 수행되는가를 나타내기 때문에 이를 완벽성정도 부사라고 한다(Eckardt 1998, Ernst 2002). 이와 같은 부사들이 능동태동사나 수동태 동사와 함께 사용될 때 양태부사와 같은 분포를 보인다. 즉 (56)의 능동태에 서는 동사 뒤에 나와야만 하고, (57)의 수동태에서는 동사 앞에 올 수도 있고 뒤에 올 수도 있다(Bowers 1993).

(56) a. Sir Colin Davis (*beautif.*) conducted Handel's 'Messiah' beautifully.
     b. Madonna (*horribly*) performed 'American Pie' *horribly*.
     c. They (*perfectly*) structured the movie *perfectly*.

(57) a. Handel's 'Messiah' was (*beautifully*) conducted *beautifully*.
     b. 'American Pie' has been (*horribly*) performed *horribly*.
     c. The movie has been (*perfectly*) structured *perfectly*.

3.2.5 수단-영역부사

surgically, *telepathically*, *manually*, *electronically*, *telekinetically*와 같은 부사들은 행위가 이루어지는 영역에서의 수단을 표시한다. 예를 들면 뇌조직은 수술을 통해서 얻을 수 있다(Ernst 2000, 2002).

(58) a. We must obtain brain tissue *surgically* via biopsy.

　　　b. I was to ... communicate it *telepathically* to my comrades.

　　　c. This was still a sizeable amount of text to process *manually*.

영역-수단부사들도 양태부사와 같은 분포를 보인다.

(59) a. We must (*surgically) obtain brain tissue *surgically*.

　　　b. He could (*telekinetically) move items *telekinetically*.

　　　c. One-third of the men (*manually) worked *manually*.

(60) a. It was almost as if it had been *surgically* removed.

　　　b. Fume cupboards may be *manually* operated.

　　　c. Can messages really be *telepathically* transmitted?

(61) a. In the end, it had to be removed *surgically*.

　　　b. The routine work is done *manually*.

　　　c. You will be informed *telepathically* of your new condition.

3.3 분석

　　Caponigro & Schutze(2003)는 능동태분사와 시제동사가 수동태분사보다 구조적으로 더 위에 있다고 주장했다. 이런 주장은 앞에서 논의한대로 완벽성정도 부사가 수동태의 경우는 동사 앞에 올 수 있으나, 능동태의 경우는 동사 앞에 올 수 없는 현상을 증거로 제시할 수 있다.[12)]

---

12) 완벽성정도 부사와 동사의 어순이 양태부사나 영역-수단부사와 같은 어순을 보이기 때문에 Caponigro & Schutze(2003)의 주장은 수동태에서 행위자지향 부

Caponigro & Schutze(2003)는 능동분사와 시제동사는 VoiceP의 핵자 리로 이동하고, 수동분사의 경우는 이동하지 않는다고 주장했다. 기능핵인 Voice는 VoiceAct(ive)와 VoicePass(ive)로 구분되는데, VoiceAct(ive)만 강V-자질이 있어서 능동분사나 시제동사를 유인한다고 주장했다.

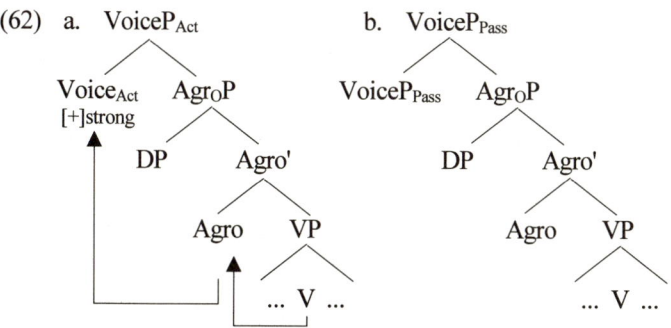

(adapted from Caponigro & Schütze 2003:299f.)

Caponigro & Schutze(2003)는 부사의 자리가 보편적이라고 가정했는데, 구체적으로 부사의 자리가 어디인지는 밝히지 않았다.[13] 그러나 부사들이 VoiceP지정어 자리에서 생성될 수는 없다. Caponigro & Schutze(2003)의 분석이 바람직한 결과를 얻기 위해서는 부사들이 VP 앞자리에 있어야 하고 수동분사는 제자리에 있어야 한다. 여기서 VP 앞자리를 기능범주인 μP로 제안하고, μP지정어 자리에 부사가 생성된다고 가정하겠다.

사뿐 아니라 이러한 세 종류의 부사들에도 적용되어야 한다.
13) Cinque(1993)도 같은 주장을 했다.

(63)

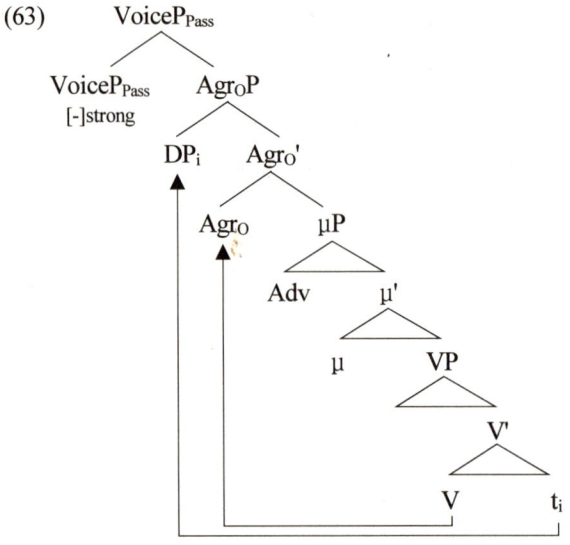

수동태동사(일반적으로 비대격동사)는 AgroP를 투사하고 AgroP지정어 자리는 내재논항이 이동해 갈 자리이다. AgroP지정어 자리에 있는 DP와 μP 지정어 자리에 있는 부사가 동사의 보충어자리로부터 동일한 거리가 되기 위해서는, 수동분사가 Agro로 이동해야만 한다. 그러나 동사가 Agro로 이동하면 부사가 동사 뒤에 오게 된다.

(64) a. [D The message]i was [AgroP [DP ti] [Agro' Agro sentj] [μP [Adv secretly] [μ' [μ tj] [VP [v' [v tj] [DP ti]]]]]]]

b. [D The slogan]i was [AgroP [DP ti] [Agro' Agro parrotedj] [μP [Adv obediently] [μ' [μ tj] [VP [v' [v tj] [DP ti]]]]]]]

c. [D The aria]i was [AgroP [DP ti] [Agro' Agro performedj] [μP [Adv horribly] [μ' [μ tj] [VP [v' [v tj] [DP ti]]]]]]]

d. [D His nose]i was [AgroP [DP ti] [Agro' Agro removedj] [μP

[Adv surgically] [μ' [μ tj] [VP [v [v tj] [DP ti]]]]]]

만약 부사들이 VoiceP지정어 자리에서 생성된다고 가정하면 (65)와 같은 어순이 되기 때문에 Caponigro & Schutze(2003)의 주장이 옳은 것 같이 보일 수 있다. 그러나 Caponigro & Schutze(2003)의 분석에 따르면 능동분사와 시제동사가 VoiceP의 핵자리를 넘어 그 이상 이동할 수 없다. 그렇다면 부사가 (66)에서와 같이 동사 앞에 나와야 하는데 그렇게 되면 비문이 된다.

(65) a. [DP The message]i was [VoiceP [Adv secretly] [Voice' [VoiceP]
       [AgrOP [DP ti][AgrO' [AgrO sentj] [VP [v' [v tj] [DP ti]]]]]]]

    b. [DP The slogan]i was [VoiceP [Adv obediently] [Voice' [VoiceP]
       [AgrOP [DP ti][AgrO' [AgrO parrotedj] [VP [v' [v tj] [DP ti]]]]]]]

    c. [DP The aria]i was [VoiceP [Adv horribly] [Voice' [VoiceP] [AgrOP
       [DP ti] [AgrO' [AgrO performedj] [VP [v' [v tj] [DP ti]]]]]]]

    d. [DP His nose]i was [VoiceP [Adv surgically] [Voice' [VoiceP]
       [AgrOP [DP ti] [AgrO' [AgrO removedj] [VP [v' [v tj] [DP ti]]]]]]]

(66) a. *They (have) [VoiceP [Adv secretly] [Voice' [VoiceP sentj] [AgrOP
       [DP the message]i [AgrO' [AgrO tj] [VP [v' [v tj] [DP ti]]]]]]]

    b. *She (has) [VoiceP [Adv horribly] [Voice' [VoiceP performedj]
       [AgrOP [DP the aria]i [AgrO' [AgrO tj [VP [v' [v tj] [DP ti]]]]]]]

    c. *We (have) [VoiceP [Adv surgically] [Voice' [VoiceP removedj]
       [AgrOP [DP his nose]i [AgrO' [AgrO tj] [VP [v' [v tj] [DP ti]]]]]]]

능동태동사와 수동태동사의 자리가 다르고 부사와 관련해서 어순이 다른 것은 분리동사구(Split VP)가설로 설명할 수 있음을 보여 줄 것인데, 이에 앞서 수동태구문에서 AgroP의 위상에 대해서 잠시 언급하겠다.

앞에서 언급했듯이, 외현적 목적어 이동은 Agro의 강격자질 때문이다. 수동태동사는 자신의 내재논항에 격을 줄 수 없다는 사실을 고려하면, (62), (63)에서와 같이 수동태동사가 AgroP를 투사한다는 가정은 의심스럽다. 그러나 수동태동사를 관할하는 기능범주 FP가 있다는 증거가 많다. 첫 번째 증거로 허사구문에서 내재논항이 수동분사 앞에 나오는 경우이다.

(67) a. There have been [$_{FP}$ [$_{DP}$ 67 matches]$_i$ [$_F$ [$_F$ drawn$_j$][$_{VP}$ [v t$_j$][$_{DP}$ t$_i$]]]].

   b. There have been [$_{FP}$ [$_{DP}$ enough people]$_i$ [$_F$ [$_F$ hurt$_j$][$_{VP}$ [v t$_j$][$_{DP}$ t$_i$]]]].

두 번째 증거는 양화사가 수동분사 앞에 오는 양화사표류(floated quantifier)의 경우이다.[14)]

(68) a. [$_{DP}$ The cookies]$_k$ have been [$_{FP}$ [$_{QP}$ [$_Q$ all] [$_{DP}$ t$_k$]$_i$ [$_F$ [$_F$ eaten$_j$] [$_{VP}$ [v t$_j$][$_{QP}$ t$_i$]]]]]

   b. [$_{DP}$ The pages]$_k$ have been [$_{FP}$ [$_{QP}$ [$_Q$ all] [$_{DP}$ t$_k$]$_i$ [$_F$ [$_F$ torn$_j$] [$_{VP}$ [v t$_j$][$_{QP}$ t$_i$]]]]]

---

14) 또 다른 증거는 불어의 수동구문에서 찾아 볼 수 있다. 불어의 수동분사는 이동한 내재논항과 성과 수에 있어서 일치를 해야 한다(Kayne 1989). 이러한 수동분사 일치는 지정어-핵일치에 의해서 일어나기 때문에 수동태에 FP가 있다는 것을 암시한다. 즉 내재논항의 흔적과 이동한 수동분사 사이에서 일치가 일어나야 한다.

수동분사를 관할하는 별도의 기능범주가 존재한다는 증거는 많지만, 그 기능범주가 목적어의 격을 점검하는 AgroP라는 증거는 없다. Belletti(1998, 2001)는 격점검이 분사일치와는 독립적으로 먼저 일어나기 때문에 격점검과 수동분사일치는 각각 다른 두 개의 기능범주 투사 안에서 일어나야 한다고 주장했다. 격은 AgroP에서 수동분사일치는 Agr$_{Prt}$P에서 각각 일어나야 한다.

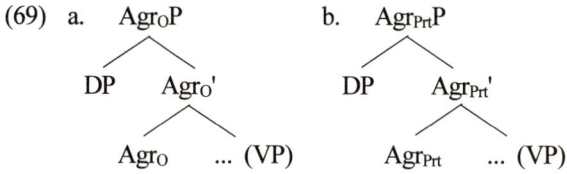

(69)　a.　Agr$_o$P　　　　b.　Agr$_{Prt}$P

이와 같은 분리동사구가설이 동사의 태(voice)에 따라 부사의 자리가 다른 현상을 설명할 수 있음을 제안한다. 능동태동사와 수동태동사는 각각 다른 vP구조를 투사하고 동사의 이동도 다른 형태로 나타난다. 또한 VoiceP의 지정어자리가 부사가 이동할 수 있는 자리로 제안을 해왔는데 VoiceP가 여러 가지 문제를 제기하기 때문에 제거되어야 한다고 제안한다. 즉 능동태와 수동태의 이분화는 기능범주 Pass(ive)의 존재여부에 따라 나타나기 때문에 VoiceP를 별도로 설정하지 않아도 된다.

능동태동사는 vP를 투사하고 vP의 핵은 강의미역자질을 가지고 있다. v 의 강의미역자질은 동사의 논항구조에 포함된 외재논항을 유인하는데, 이때 PF합치를 위해서 동사의 음성형태도 동반이동을 하게 된다. 반면 수동태동사는 논항구조에 비외현적인 행동주 논항을 가지고 있으나 외현적 외재논항이 없기 때문에 vP를 투사하지 않고 Agr$_{Prt}$P로 수동태동사의 동사층위를 마감하게 된다. 능동태동사의 어휘층위위 구조는 (70)과 같고, 수동태동사의 어휘층위위 구조는 (71)과 같다.

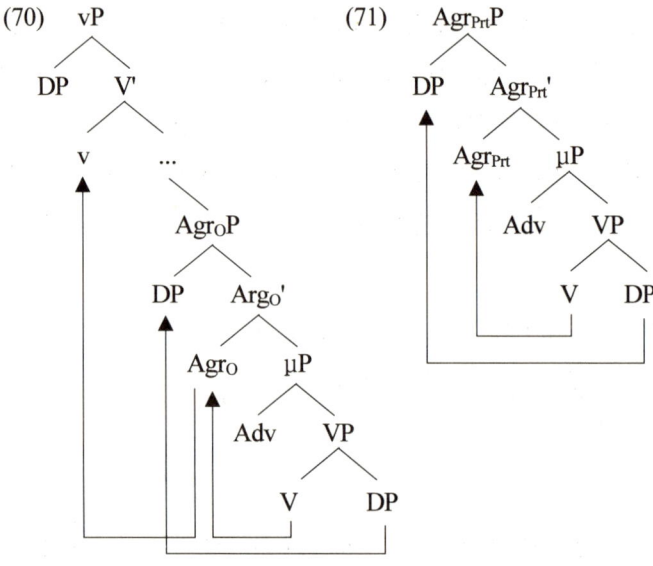

(70) vP   (71) AgrPrtP

능동태의 경우는 내재논항과 동사가 둘 다 외현적으로 이동한다. 내재논항은 Agr$_O$의 강격자질 때문이고, 동사이동은 v의 강의미역자질 때문이다. 수동태의 경우는 내재논항이 Agr$_{Prt}$P지정어 자리로 이동한다는 증거는 많지만 그러한 증거들이 수동태동사가 외현적으로 이동하는지의 여부를 증명할 수는 없다((67) 참조).

만약에 (72)의 경우처럼 부사가 동사 뒤에 오는 것은 수동분사가 Agr$_{Prt}$P의 핵자리로 이동했기 때문이라면, (73)처럼 부사가 동사 앞에 오는 경우는 어떻게 설명할 것인가?

(72)   a. [$_D$ The message]$_i$ was [$_{AgrPrtP}$ [$_{DP}$ t$_i$] [$_{AgrPrt'}$ [$_{AgrPrt}$ sent$_j$] [$_{\mu P}$
          [$_{Adv}$ secretly] [$_{\mu'}$ [$_\mu$ t$_j$] [$_{VP}$ [$_{V}$ [$_v$ t$_j$] [$_{DP}$ t$_i$]]]]]]]

      b. [$_D$ The slogan]$_i$ was [$_{AgrPrtP}$ [$_{DP}$ t$_i$] [$_{AgrPrt'}$ [$_{AgrPrt}$ parroted$_j$]

$[_{\mu P}$ $[_{Adv}$ obediently] $[_{\mu'}$ $[_{\mu}$ $t_j]$ $[_{VP}$ $[_{v'}$ $[_v$ t_j] $[_{DP}$ $t_i]]]]]]]$

c. $[_D$ The aria]$_i$ was $[_{AgrPrtP}$ $[_{DP}$ t_i] $[_{AgrPrt'}$ $[_{AgrPrt}$ performed$_j]$
$[_{\mu P}$ $[_{Adv}$ horribly] $[_{\mu'}$ $[_{\mu}$ $t_j]$ $[_{VP}$ $[_{v'}$ $[_v$ t_j] $[_{DP}$ $t_i]]]]]]]]$

d. $[_D$ His nose]$_i$ was $[_{AgrPrtP}$ $[_{DP}$ t_i] $[_{AgrPrt'}$ $[_{AgrPrt}$ removed$_j]$
$[_{\mu P}$ $[_{Adv}$ surgically] $[_{\mu'}$ $[_{\mu}$ $t_j]$ $[_{VP}$ $[_{v'}$ $[_v$ t_j] $[_{DP}$ $t_i]]]]]]]]$

(73) a. The message was *telepathically* sent.

b. The slogan was *obediently* parroted.

c. The aria was *horribly* performed.

d. His nose was *surgically* removed.

앞에서 언급한 허사구문 (67)에서 힌트를 얻을 수 있다. (74)와 (75)에서
보듯이, 부사가 수동분사 뒤에 올 수도 있고, 앞에 올 수도 있다.

(74) a. There have been messages sent *telepathically*.

b. There have been slogans parroted *obediently*.

c. There have been arias performed *horribly*.

d. There has been a nose removed *surgically*.

(75) a. There have been messages *telepathically* sent.

b. There have been slogans *obediently* parroted.

c. There have been arias *horribly* performed.

d. There has been a nose *surgically* removed.

(75)에서처럼 부사가 이동한 내재논항과 수동동사 사이에 나온다는 것은
수동분사가 AgrPrtP의 핵자리로 이동하지 않고 제자리에 머물러 있다는 것을
보여준다. 이것은 AgrPrtP의 핵이 수동분사와 일치를 일으키는 강동사자질을

가지고 있지 않다는 것을 의미한다. 따라서 (72)와 (73)에서 수동태동사의 이동이 접합점조건때문이라고 볼 수 없다.

다음은 수동분사가 수의적으로 μP지정어 자리를 넘어서 이동하는 것처럼 보이는 경우를 살펴보겠다. 외관상 수동분사와 부사의 순서가 바뀌어 나오는 것은 초점화로 설명할 수 있다. 여기서 초점은 전제(presupposition)에 대한 화용론적 개념으로 정의한다. 즉 초점은 문장에서 전제되지 않은 부분이다(Zubizarreta 1998). 대화 참여자들이 공유하는 정보는 배경(background)이라고 한다. 초점은 전통적으로 [F]자질로 표기하는데 이것은 주변자질인 [Foc]과 구별하기 위해서이다(Chomsky 1998, Rizzi 1997). 즉 [Foc]는 운용자질로 FocP 안에서 점검을 해야 하지만, [F]는 화용론적인 자질로 (76)에서처럼 표층구조에서 어느 절점과도 연관될 수 있다.

(76) a. What did John eat? [John [ate [$_F$ the pie]]]
     b. What did John do?   [John [$_F$ ate [the pie]]]
     c. What happened?   [$_F$ John [ate [the pie]]]

                                        (cf. Zubizarreta 1998:3)

[F]에 의해서 관할을 받는 구성소만이 초점으로 간주된다. 그러므로 (76a)에서 초점영역은 [the pie]에 한정되고, (76b)에서는 [ate the pie], (76c)에서는 [John ate the pie]이다. [F]자질을 가지지 않거나 [F]자질을 가진 구성소에 의해서 관할받지 않는 구성소들은 대화자들이 공유하고 있는 정보를 가진 배경구성소이다.

수동분사가 이동한 경우는, 부사가 초점화 되어서 새로운 정보를 구성하는 것이다. 반면, 수동분사가 이동하지 않은 경우는 동사에 의해서 표현된 행위가 초점화되며 따라서 그 행위가 이루어지는 방법이나 수단은 배경으로 처리된다.

(77) a. [$_D$ The message]$_i$ was [$_{AgrPrtP}$[$_{DP}$ t$_i$][$_{AgrPrt'}$ [$_{AgrPrt}$ **sent**$_j$] [$_{\mu P}$
     [$_{Adv}$ secretly] [$_{\mu'}$ [$_\mu$ t$_j$] [$_{VP}$ [$_{v'}$ [$_v$ t$_j$] [$_{DP}$ t$_i$]]]]]]]

   b. [$_D$ The message]$_i$ was [$_{AgrPrtP}$ [$_{DP}$ t$_i$] [$_{AgrPrt'}$ [$_{AgrPrt}$] [$_{\mu P}$ [$_{Adv}$
     secretly] [$_{\mu'}$ [$_\mu$ t$_j$] [$_{VP}$ [$_{v'}$ [$_v$ **sent**] [$_{DP}$ t$_i$]]]]]]]]

이와 같은 초점화분석에 대한 좋은 증거는 부사가 분사 앞에 올 때는 강
세를 받지 못 한다는 것이다.

(78) a. *The message was SECRETLY sent.
   b. *The slogan was OBEDIENTLY parroted.
   c. *The aria was HORRIBLY performed.
   d. *His nose was SURGICALLY removed.

양태부사, 완벽성정도 부사, 수단-영역부사들은 (79)에서처럼 내부적으
로 복잡한 구조의 핵을 이룰 수도 있다.

(79) a. The message was [{extremely, very} secretly$_i$] sent t$_i$.
   b. The message was [so secretly (*that even the CIA didn't
     find out)]$_i$ sent t$_i$ that even the CIA didn't find out.
   c. The slogan was [{extremely, very} obediently]$_i$ parroted
     t$_i$.
   d. The slogan was [so obediently]$_i$ parroted t$_i$ that even the
     president was surprised.
   e. The aria was [{extremely, very} horribly]$_i$ performed t$_i$.

f. The message was [so horribly (*that half the audience left)]ᵢ performed tᵢ that half the audience left.

요약하면 동사의 태에 따라서 부사들이 자리와 분포가 다른 것은 능동태 동사와 수동태동사가 각각 다른 구조를 가지기 때문이다. 즉 능동태동사만 vP를 투사한다. vP의 핵은 강의미역자질을 가지고 있고 이 강자질로 인해서 동사의 음성형태가 동반이동을 하게한다. 이때 동사는 μP지정어 자리에 있는 부사와 AgroP지정어 자리로 이동한 내재논항을 넘어 이동하게 된다. 반면 수동태동사는 vP를 투사하지 않기 때문에, AgrₚₙₜP의 핵자리 이상은 이동할 수 없다. 수동분사나 부사 중 어느 것이 초점화 되었는지에 따라 동사가 AgrₚₙₜP의 핵자리로 이동할 수도 있고, 제자리에 머물러 있을 수도 있다.

3.3.1 분석에 대한 문제점

양태부사가 μP지정어 자리에서 생성된다고 가정하면, 부사가 AgroP지정어 자리에 있는 내재논항 다음에 오기도 하고, 내재논항보다 앞에 오기도 하는 것을 설명해야만 한다(예문(80) 참조).

(80) a. He handed the napkin *secretly* [ₖₚ to her].
      b. He complained *vociferously* [ₖₚ about the meal].
      c. They insisted *aggressively* [ₖₚ on his arrest].
      d. She believes *strongly* [ₖₚ in justice].

얼핏 보면 (80)은 여기서 제안한 분석에 문제가 되는 듯하다. 왜냐하면 앞 장에서 제안한 KP는 명사류에 속하는 내재논항으로 DP와 같이 적절한 기능핵과 함께 지정어-핵일치로 격점검을 받아야 하기 때문이다.

그런데 vP와 Agr$_{(I)O}$P 사이에 혹은 Agr$_{IO}$P와 Agr$_O$P 사이에 또 하나의 기능범주를 설정하게 되면, 그 기능범주의 속성에 관한 의문이 제기될 뿐 아니라, (81)과 같은 비문들이 생겨나는 것을 설명할 수 없다

(81)　a. *He handed *secretly* the napkin to her.
　　　b. *He handed *secretly* her the napkin.
　　　c. *He handed her *secretly* the napkin.

전통적으로는 (81)의 비문들은 Stowell(1981)의 격인접조건으로 설명되었다. 그러나 격에 기초한 설명이 여기서는 가능하지 않다. 격할당에 대한 지배이론적 설명에 따르면(Chomsky 1981, Larson (1988)), (81)의 문장들은 격인접조건을 위배하지 않는다. 왜냐하면 동사는 AdvP를 지정어로 가지고 있는 투사의 핵의 자리로부터 어떤 지정어자리에든 격을 할당할 수 있기 때문이다. 또한 최근의 격점검이론은 격인접조건을 인정하지 않는다(Chomsky 1995). 왜냐하면 격은 내재논항이 Agr$_O$P나 Agr$_{IO}$P 지정어자리로 이동한 후 지정어-핵일치에 의해서 점검 혹은 할당되기 때문이다.

이제 양태부사가 µP지정어 자리에서 생성된다는 제안을 포기하지 않고도 또한 vP와 Agr$_O$P 사이에 동기가 충분하지 않은 기능범주를 설정하지 않고도 능동태에서 양태부사가 VP 맨 마지막 자리에 오지 않는 것을 설명할 수 있는 분석을 제안하겠다. 즉 양태부사는 µP지정어를 넘어서 이동하지 않는다. KP>Adv의 어순이 (80)처럼 된 것은 KP가 제자리를 벗어난 결과이다. 도식화하면 (82)와 같다.

(82)　He handed [$_{DP}$ the napkin]$_i$ ... [$_{AgrIOP}$ [$_{KP}$ to her]$_m$ [$_{AgrIO'}$ [$_{AgrIO}$ **t**$_k$] [$_{AgrOP}$ [$_{DP}$ t$_i$] [$_{AgrO'}$ [$_{AgrO}$ **t**$_k$] [$_{µP}$ [$_{AdvP}$ secretly] [$_{µ'}$ [$_{µ}$ **t**$_k$] [$_{VP}$ [$_{KP}$ t$_m$] [$_{v'}$ [$_v$ **t**$_k$] [$_{VP}$ [$_{DP}$ t$_i$] [$_{v'}$ [$_v$ **t**$_k$] ... [$_{KP}$ to her]$_m$]]]]]]]]]]

언뜻 보면, (82)는 외치구조인 듯 보인다. 그러나 KP가 외치되었다면, 섬을 이루어야 하는데 (83)이 보여주듯이 그렇지 않다.

(83) a. Bill looked *carefully* [KP at the pictures of Miro].
      b. Which painter; did Bill look *carefully* [KP at the pictures of t;].

격-전치사가 핵인 내재논항은 격점검을 받아야 하는 명사류논항이라는 가정을 받아드리면, (83)에서 *at the pictures of Miro*가 제자리에 있을 수 없다. 따라서 KP는 허동사핵 V의 보충어로 나타난다고 제안한다. 이 허동사핵은 어휘동사 아래에서 병합된다.

(84)

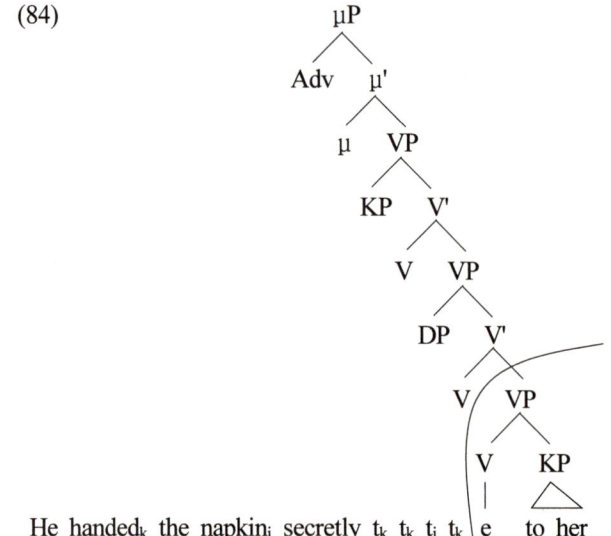

He handed_k the napkin; secretly t_k t_k t_i t_k \ e   to her

VP는 어휘동사 *handed*의 흔적에 의해서 인허되고 KP는 허동사핵 V의 보충어로 구조적으로 인허된다. 그러나 VP의 핵이 의미적으로 비어있기 때문에 KP를 형태적으로 인허할 수 없다. 따라서 KP의 형식적 인허는 간접적으로 일어난다고 가정한다. 즉 AgrIoP지정어 자리에 있는 공선행사 pro와 사슬(chain)을 형성함으로써 가능하다. (85)에서 pro가 V에 의해서 할당된 의미역를 가짐으로써 KP가 형태적으로 인허된다고 가정한다. 즉 pro가 강의 미역자질을 가진 핵(AgrIo)으로부터 지정어-핵 일치에 의해서 의미역을 받고, [to her]와 동일지표됨으로써 pro의 의미적 내용이 회복할 수 있다.

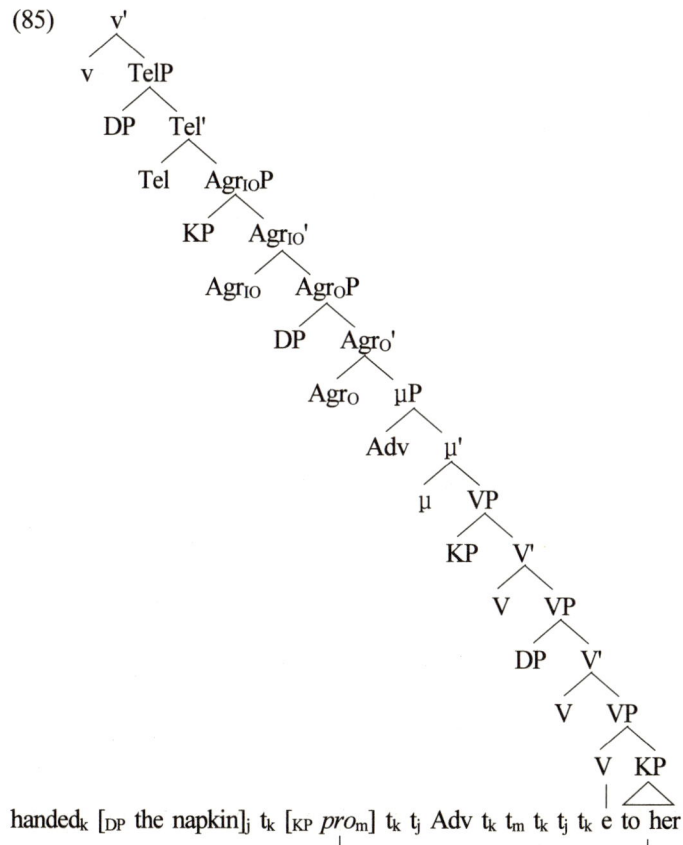

(85)

$$handed_k \; [_{DP} \text{ the napkin}]_j \; t_k \; [_{KP} \; pro_m] \; t_k \; t_j \; Adv \; t_k \; t_m \; t_k \; t_j \; t_k \; e \; to \; her$$

pro는 *to her*의 간접적 인허를 위해서 필요할 뿐 아니라 완전해석원리 때문에도 필요하다. 즉 pro는 동사 *handed*의 내재 목표논항으로 AgrᵢₒP지 정어 자리로 이동해서 격점검을 받아야 한다. *to her*는 pro와 사슬을 형성함으로써 격을 가지게 된다. [KP to her]가 선행사에 의해서 인허되어야 한다는 조건이 어휘동사 아래 있는 공구조의 과대생성을 막아준다. 즉 VP 안에 있는 어휘적 요소들은 그것들이 공선행사와 연관을 맺을 수 있을 때만 인허된다.

그런데 이러한 분석은 두 가지 문제를 야기한다. 왜 DP 내재논항은 VP 안에서 일어날 수 없을까? 내재논항이 VP 안에서 일어날 수 있는 조건은 무엇인가?

(86) *He handed her *secretly* the napkin.

첫 번째 문제는 DP 내재논항이 부사 뒤에 올 수 없다는 것은 아니다. (87)에서와 같이 만약 부사가 비초점화되고 DP가 강세를 가지거나 구조적으로 복잡한 형태를 취함으로써 초점화 된다면 Adv>DP는 가능한 어순이다.

(87) a. He handed her *secretly* THE NAPKIN (not the towel).
      b. He gave her *secretly* [all the files containing classified information].

초점화된 내재논항이 격점검을 위해서 이동을 하게 되면 더 이상 초점화가 되지 않는다. 따라서 격점검과 초점화를 동시에 만족시킬 수 있는 방법은 사슬의 머리와 꼬리에 의해서이다. 즉 pro는 격조건을 만족시키고, pro와 동일지표화된 VP 안에 있는 명사류 구성소는 초점화조건을 만족시킨다.

3.3.2 vP-한계성

여기서 다루고 있는 부사들은 모두 vP-한계적인 특성을 가지고 있다. 따라서 초점화하거나 의문문으로 바꾸지 않는 한 어휘층위 밖에 나타날 수 없다.[15]

(88) a. ONLY HORRIBLY$_i$ did Madonna perform 'American Pie' t_i.

b. SO RELUCTANTLY$_i$ were the corpses examined by the pathologist t_i that her boss fired her.

c. NOT EVEN SURGICALLY$_i$ can we remove your nose t_i.

d. SO LOUDLY$_i$ did they cry t_i that they woke Ulysses.

(89) a. How *horribly*$_i$ did Madonna perform 'American Pie' t_i?

b. How *reluctantly*$_i$ were the corpses examined t_i?

c. How *loudly*$_i$ did Shakespeare want his actors to talk t_i?

vP-한계성은 수동태의 행위자지향 부사, 완벽성정도 부사, 수단-영역부사의 경우 특히 잘 나타난다.

(90) a. *Reluctantly*(,) she was dragged to the station.

b. *Deliberately*(,) Mills was besmirched by the KGB.

c. *Obediently*(,) the Pentagon line has been parroted.

(91) a. *Poorly*(,) they structured the essay.

---

15) 수단-영역부사는 정도(degree)를 물어볼 수 없기 때문에 의문문을 적용할 수 없다.

b. *Beautifully(,) they performed 'Messiah'.

c. *Horribly(,) she sang the aria.

(92) a. *Surgically(,) they removed brain tissue.

b. *Telepathically(,) they sent the message.

c. *Manually(,) they opened the door.

그런데 (93)에서 calmly, clumsily, carefully가 문장 맨 앞에 나오기 때문에 양태부사가 vP-제한적(bounded)이라는 주장이 틀린 것 같다.

(93) a. Calmly(,) he answered all their questions.

b. Clumsily(,) she lit a cigarette.

c. Carefully(,) he lifted the lid.

Ernst(2000)에 따르면, 다른 부사적 수식이 없을 때는 문장 맨 앞에 부사가 올 수 있다. (94)와 비교해 보자.

(94) a. *Calmly(,) he cleverly answered all their question.

b. *Clumsily(,) she hideously lit a cigarette.

c. *Carefully(,) he nosily lifted the lid.

만약 (93)과 (94)에서 문장 맨 앞에 오는 부사가 양태부사가 이동한 것이라면, (94)가 비문인 이유는 양태부사가 이동할 때 주어와 관련된 부사를 넘어서 이동하여 최소조건을 어기기 때문일 것이다. 그렇다면 (95)의 경우 양태부사가 주어관련 부사를 넘어 이동했다고 보면 비문이어야 한다. 따라서 (94)가 최소조건을 위배했기 때문에 비문이라고 할 수 없다. 최소조건이 문제의 원인이라면 (95)도 (94)처럼 비문이어야 한다.

(95) a. *Calmly*(,) he has been *cleverly* answering all their questions.
      b. *Clumsily*(,) she has been *secretly* lightening a cigarette.
      c. *Carefully*(,) he has been *nosily* lifting the lid.

따라서 (91)과 (92)의 비문들과 (93)의 정문들 사이의 대조적 특성은 (93)의 부사들이 양태부사가 아니라 양태부사와 동음이의어인 주어-관련 부사들이기 때문이다. (93)의 주어-관련부사들은 양태부사와 다를 뿐 아니라 (95)의 주어-태도 부사와도 구별이 되어야 한다. 양태부사는 주어를 수식할 수 없는데, (96)의 의역이 보여주듯이 (95)에서는 주어를 수식하는 경우들이다.

(96) a. He answered all their question, being *calm* in doing so.
      b. She lit a cigarette, being *clumsy* in doing so.
      c. He lifted the lid, being *careful* in doing so.

문장 맨 앞에 오는 부사들이 주어-관련부사라는 주장은 (97)과 같이 *loudly, dimly, unfairly*와 같은 부사들이 문장 맨 앞에 올 수 없다는 사실로 뒷받침된다.

(97) a. **Loudly*(,) he sung the aria.
      b. **Dimly*(,) the light shone.
      c. **Unfairly*(,) she dismissed the entire class.

마지막으로 *calmly, clumsily, carefully*와 같은 부사가 문장 맨 앞에 올 때 vP안에 있는 진짜 양태부사가 함께 나올 수 있다는 사실도 여기서 다루고 있는 부사들이 진짜 양태부사가 아니라는 것을 보여주는 증거이다.

(98) a. *Calmly*(,) he answered all their questions *quickly*.
      b. *Clumsily*(,) she lit a cigarette nosily.
      c. *Carefully*(,) he lifted the lid *slowly*.

3.3.3 수동태의 비외현적 행위자 논항

일반적으로 수동태동사의 논항구조가 비외현적 행위자 논항을 가지고 있는데, 이것이 *reluctantly, intentionally, deliberately, willingly*와 같은 행위자지향 부사와 *by-phrase*를 허용하는데 중요한 역할을 한다.

(99) a. Mills was *deliberately* besmirched <u>by the KGB</u>.
      b. This was *willingly* accepted <u>by Mother Jane</u>.
      c. Those guys don't like being questioned <u>by Europeans</u>.
      d. Pornography was invented <u>by the Victorians</u>.

비외현적 행위자논항은 통사적으로 수동형태소(-en)에 의해서 표현되기 때문에 [+PASS, +AG]로 표기하겠다. 즉 [+PASS, +AG]자질은 행위자지향 부사와 *by-phrase*를 인허하는 요소이다. 행위자지향 부사가 vP 안에 있어야 한다고 가정하면, [+PASS, +AG]도 역시 같은 최소영역 안에 있어야 한다. [+PASS, +AG]은 또한 *by-phrase*를 허용하는데 필요하다. 다른 말로 표현하면 *by-phrase*는 비외현적 논항을 어휘로 표현하는 수의적 수단이다.

(100) a. Mills was deliberately besmirched *by the KGB*.

b. This] has been encouraged deliberately *by strategists*.

c. Pornography was invented *by the Victorians*.

*by-phrse*를 오른쪽 끝에 부가하는 것으로 가정하지 않고, 대신 어휘동사의 보충어로 허동사(empty verb)를 투사한 VP를 설정할 것을 제안한다. VP의 핵은 동사나 동사의 흔적에 의해서 지배를 받으므로 구조적으로 인허를 받지만, 의미적으로는 비어있기 때문에 문장 안에서 해석되어질 수 있는 요소에 의해서 간접적으로 인허를 받아야 한다. 즉 (101)과 같은 구조로 *by-phrase*는 V의 보충어로 나타난다.

(101)

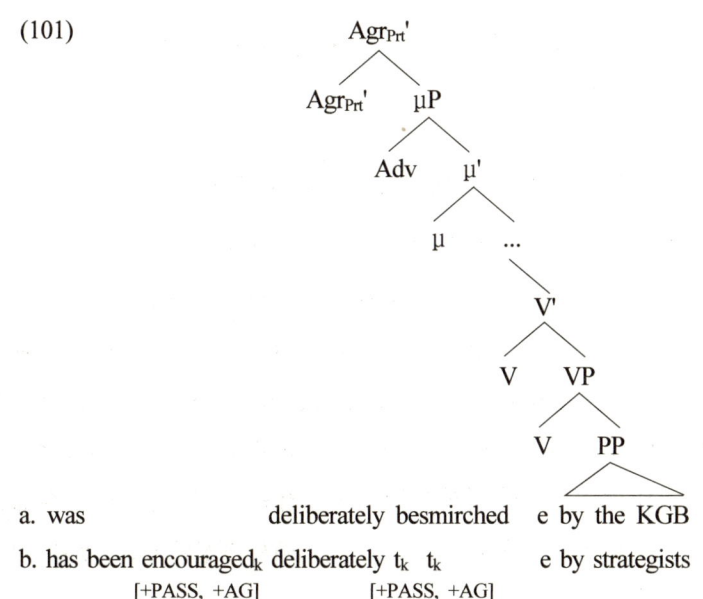

a. was   deliberately besmirched   e by the KGB

b. has been encouraged_k deliberately t_k t_k   e by strategists
     [+PASS, +AG]   [+PASS, +AG]

능동태의 경우에는 VP가 투사되지 말아야 하는데 그러기 위해서는 VP

가 동사나 동사의 흔적에 의해서 인허되어야 한다고 가정할 뿐 아니라, VP
안에 *by-phrase*는 [+PASS, +AG]자질이 있을 때만 인허된다고 가정해야
한다. [+PASS, +AG]자질은 분사이동연쇄에서 각각의 사슬에 나타난다.

그렇다면 이와 같은 분석에서 비외현적 행위자 *the KGB*의 격점검을 어
떻게 하는가 하는 문제가 있다. V는 의미적으로 비어있기 때문에 격점검 자
리인 Agr_OP를 투사한다고 주장하기 어렵다. 또한 *by*가 핵인 구는 어휘동사
에 의해서 선택되지 않기 때문에 *by*를 K범주로 다루기도 어렵다. 즉 *by the*
*KGB*는 어휘동사의 내재논항이 아니다. 따라서 *the KGB*의 인허를 설명하기
위해서 *by*를 비논항 전치사적 요소로 보고 기능범주를 투사한다고 가정해야
만 한다.

(102) [$_{FP}$ [$_F$ by$_j$] [$_{AgrOP}$ [$_{DP}$ the KGB]$_i$ [$_{AgrO'}$ [$_{AgrO}$ t$_j$] [$_{PP}$ [$_P$ t$_j$] [$_{DP}$
       t$_i$]]]]]

3.3.4 부사의 동시발생과 어순: 남은 문제와 해결책

여기서 제안한 분석에 따르면 수단-영역부사들은 양태부사나 완벽성정도
부사와 함께 나타날 수 없어야 하는데 (103a, b)와 (104a, b)에서와 같이 함
께 나올 수 있다. 그러나 두 부사의 어순은 (103c, d)와 (104c, d)가 보여주
듯이 수단-영역부사가 양태부사나 완벽성정도 부사 뒤에 와야만 한다.
(103e, f,)와 (104e, f)에서처럼 두 종류의 부사가 나란히 나올 수 없다.
(105)에서 알 수 있듯이 양태부사와 완벽성정도 부사는 함께 나올 수 없는데
이것은 이 두 부사가 구조적으로 같은 자리에서 생성된다고 가정할 수도 있
다.

(103) a. I sent the message *secretly* to everybody *electronically*.

    b. The message was *secretly* sent to everybody *electronically*.

    c. *I sent the message *electronically* to everybody *secretly*.

    d. *The message was *electronically* sent to everybody *secretly*.

    e. *I sent the message (*secr. electr.*) to them *secretly electronically*.

    f. *The message was (*secr. electr.*) sent to them *secretly electronically*.

(104) a. They adjusted them *perfectly* to their new surroundings *surgically*.

    b. They have been *perf.* adjusted to their new surroundings *surgically*.

    c. *They adjusted them *surgically* to their new surroundings *perfectly*.

    d. *They have been *surg.* adjusted to their new surroundings *perfectly*.

    e. *They adjusted them (*perfectly surgically*) to their new surroundings *perfectly surgically*.

    f. *They have been (*perf. surg.*) adjusted to their new surroundings *perfectly surgically*.

(105) a. *They presented the facts *poorly* to audience *loudly*.

    b. *They presented the facts *loudly* to audience *poorly*.

    c. *They presented the facts (*poorly loudly*) to audience *poorly loudly*.

d. *The facts were *poorly* presented *loudly*.

e. *The facts were *loudly* presented *poorly*.

f. *The facts were (*poorly loudly*) presented *poorly loudly*.

그러나 양태부사와 완벽성정도 부사가 함께 나올 수도 있기 때문에 두 부사가 구조적으로 같은 자리에서 생성된다는 가정은 맞지 않다. (106)의 경우인데, 양태부사가 'in an X manner'의 구범주로 나타난다.

(106) a. Here she sings *beautifully in a slow manner* in another strange language.

b. Much time is devoted to fleshing out the characters *poorly in a silly manner*.

c. And the depictions of the war scenes are *beautifully* written *in a bizarre way*.

d. The figure of Silenos in the reverse has been *slightly* changed *in a masterful way*.

행위자지향 부사는 여기서 다룬 모든 vP-부사와 함께 나올 수 있다. 그러나 부사가 함께 나올 때 적용되는 제한들은 부사 종류에 따라 다르다. (107a, b)에서 보듯이, 행위자지향 부사는 양태부사보다 앞에 와야 하고 두 부사는 인접해 있어서는 안 된다(107c, f). 또한 중간에 수식어를 첨가해도 여전히 비문임을 주목하라.

(107) a. The aria has been *hesitantly* performed *loudly*.

b. *The aria has been *loudly* performed *hesitantly*.

c. *The aria has been *hesitantly* (quite) *loudly* performed.

d. *The aria has been performed *hesitantly* (quite) *loudly*.

e. *The aria has been *loudly* (quite) *hesitantly* performed.

f. *The aria has been performed *loudly* (quite) *hesitantly*.

행위자지향 부사와 완벽성정도 부사가 함께 나올 때는 두 부사가 인접해서 나올 때 만 제약조건을 따른다. 즉 행위자지향 부사가 완벽성정도 부사 앞에 나와야 한다. *rather*를 중간에 넣어도 (108d, f)의 비문이 나아지지 않는다.

(108) a. The paper has been *deliberately* written *poorly*.

b. The paper has been *poorly* written *deliberately*.

c. The paper has been *deliberately poorly* written.

d. *The paper has been *poorly* (rather) *deliberately* written.

e. The paper has been written *deliberately poorly*.

f. *The paper has been written *poorly* (rather) *deliberately*.

행위자지향 부사와 수단-영역부사가 함께 나올 때도 행위자지향 부사가 먼저 나와야 한다(109a, c). 두 부사가 나란히 올 때 두 부사의 어순이 바뀌거나 두 부사가 둘 다 동사 다음에 나오면 비문이 된다(109d)-(109f).

(109) a. His nose has been *expertly* removed *surgically*.

b. *His nose has been *surgically* removed *expertly*.

c. His nose has been *expertly surgically* removed.

d. *His nose has been *surgically* (rather) *expertly* removed.

e. *His nose has been removed *expertly* (only) *surgically*.

f. *His nose has been removed *surgically* (rather) *expertly*.

부사들이 함께 나올 때 어떤 어순으로 나와야 하는지 정리하면 다음과 같다.

(110) a. manner > means-domain (cf. (103a, b))
b. degree of perfection > means-domain (cf. (104a, b))
c. manner > degree of perfection (cf. (106))
d. agent-oriented > manner (cf. (107a))
e. agent-oriented > degree of perfection (cf. (108a, c, e))
f. degree of perfection > agent-oriented (cf. (108b))
g. agent-oriented > means-domain (cf. (109a, c))

두 개의 부사가 함께 나오는 문제는 만약 수단-영역부사가 완벽성정도 부사보다 구조적으로 아래에서 생성되고, 완벽성정도 부사는 양태부사보다 아래 자리에서 생성되고, 양태부사는 행위자지향 부사보다 아래 자리에서 생성된다고 가정하면 해결할 수 있다.

(111) [$_{AgentP}$ [Adv] [$_{Agent'}$ [Agent] [$_{\mu P}$ [Adv] [$_{\mu'}$ [$_{\mu}$] [$_{DegPerfP}$ [Adv] [$_{DegPerf'}$ [DegPerf] [$_{MeansP}$ [Adv] [$_{Means'}$ [Means] [$_{VP}$]]]]]]]]]]

이와 같은 분석에 따르면, (103a)와 (104a)의 구조는 (112)와 같다. 목표 논항([$_{KP}$ *to everybody* / *to their new surroundings*])과 수단-영역부사 (*electronically, surgically*)는 VP 안에서 생성되었지만 VP 밖에서 인허를 받는다.

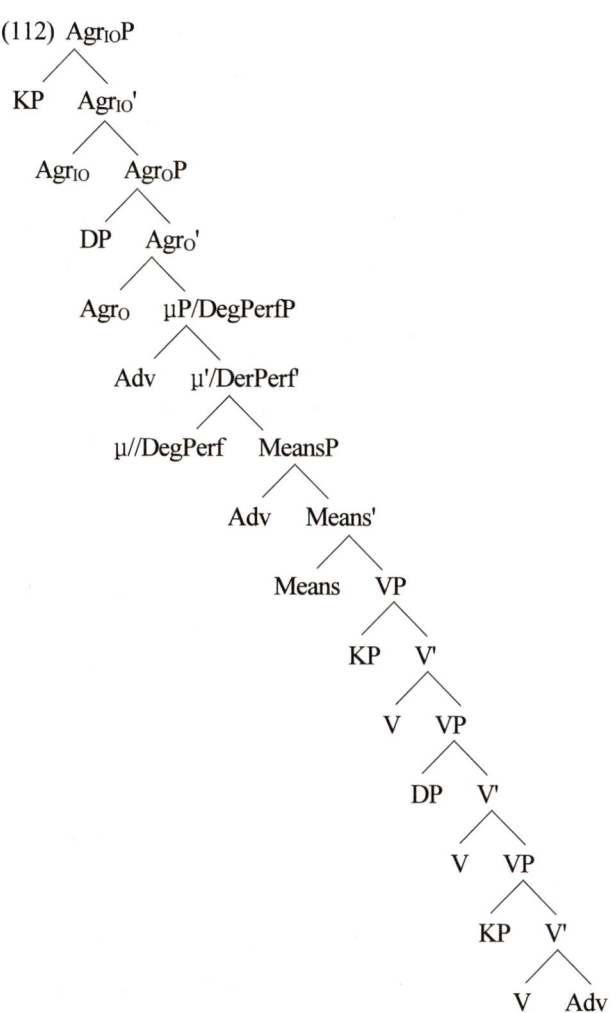

(112) AgrIOP

a. [KP *pro*]m ti [DP tj] tk secretly tk **e** tk tm tk tj tk [KP] e electronically
b. [KP *pro*]m ti [DP tj] tk perfectly tk **e** tk tm tk tj tk [KP] e surgically

(106)의 기저구조는 (113)과 같고, 여기서 양태표현인 PP는 VP 안에서

실현된다.

(113) a. [$_{v'}$ [$_{v}$ sing$_k$][$_{\mu P}$ [$_{Adv}$] [$_{\mu'}$ [$_{\mu}$] [$_{DegPerfP}$ [$_{Adv}$ beautifully]
[$_{DegPerf'}$ ... [$_{v'}$ [$_{v}$ v$_k$] [$_{VP}$ [$_{v}$ e] [$_{PP}$ in a slow manner]]]]]]]]

b. [$_{AgrPrt'}$ [$_{AgrPrt}$] [$_{\mu P}$ [$_{Adv}$] [$_{\mu'}$ [$_{\mu}$] [$_{DegPerfP}$ [$_{Adv}$ beautifully] [$_{DegPerf'}$
... [$_{v'}$ [$_{v}$ written] [$_{VP}$ [$_{v}$ e] [$_{PP}$ in a bizarre way]]]]]]]]]

(108a, c, e)의 수동태구문은 (114)의 구조이고, (109a, c)의 구조는 (115)이다. 이러한 모든 경우 동사이동이 먼저 일어난다.

(114) a. has been [$_{AgrPrt'}$ [$_{AgrPrt}$] [$_{AgentP}$ [$_{Adv}$ deliberately] [$_{Agent}$
[$_{Agent'}$ written$_k$][$_{DegPerfP}$ [$_{Adv}$ poorly] [$_{DegPerf'}$ ...t$_k$]]]]]

b. has been [$_{AgrPrt'}$ [$_{AgrPrt}$ written$_k$] [$_{AgentP}$ [$_{Adv}$ deliberately]
[$_{Agent'}$ [$_{Agent}$ t$_k$] [$_{DegPerfP}$ [$_{Adv}$ poorly] [$_{DegPerf'}$ ...t$_k$]]]]]]

c. has been [$_{AgrPrt'}$ [$_{AgrPrt}$] [$_{AgentP}$ [$_{Adv}$ deliberately] [$_{Agent'}$
[$_{Agent}$] [$_{DegPerfP}$ [$_{Adv}$ poorly] [$_{DegPerf'}$ ...written]]]]]

(115) a. has been [$_{AgrPrt'}$ [$_{AgrPrt}$] [$_{AgentP}$ [$_{Adv}$expertly] [$_{Agent'}$ [$_{Agent}$
removed$_k$][$_{MeansP}$ [$_{Adv}$ surgically] [$_{Means'}$ ...t$_k$]]]]]

b. has been [$_{AgrPrt'}$ [$_{AgrPrt}$] [$_{AgentP}$ [$_{Adv}$ expertly] [$_{Agent'}$ [$_{Agent}$]
[$_{MeansP}$ [$_{Adv}$ surgically] [$_{Means'}$ ...removed$_k$]]]]]

(108b)에서는 행위자지향 부사가 완벽성정도 부사 뒤에 나오는데, 이 경우는 (116)에서 보여주듯이 행위자지향 부사는 VP 안에서 생성된다.

(116) has been [$_{AgentP}$ [$_{Adv}$] [$_{Agent'}$ [$_{Agent}$] [$_{DegPerfP}$ [$_{Adv}$ poorly]
[$_{DegPerf'}$ [$_{DegPerf'}$] [$_{VP}$ [$_{v}$ written] [$_{VP}$ [$_{v}$ e] [$_{Adv}$ deliberately]]]]]]]]

μP를 AgentP, μP, MeansP로 분리하면 양태/완벽성정도 부사, 수단-영역부사, 행위자지향 부사들이 함께 일어날 수 있는 현상을 설명할 수 있다.

3.3.5 요약

양태부사, 완벽성정도 부사, 수단-영역부사들의 자리가 동사의 태에 따라 다른데 그 이유는 다음과 같다. 첫째, 능동태동사와 수동태동사는 각각 다른 구조의 어휘층위를 투사한다. 능동태동사는 vP를 투사하여, vP의 지정어자리에 외재논항이 오지만, 수동태동사는 vP를 투사하지 않는다. 두 번째, 능동태동사와 수동태동사는 각각 다른 일치와 관련된 기능범주를 투사한다. 능동태의 경우는 AgroP를 투사하고, 수동태는 $Agr_{Prt}P$를 투사한다. AgroP는 격점검과 관련이 있고, $Agr_{Prt}P$는 분사일치와 관련이 있다. 또한 능동태동사와 수동태동사는 이동에 있어 각기 다른 특성을 보인다. 능동태동사는 의무적으로 Agr_O로 이동하지만, 수동태동사는 $Agr_{Prt}P$로 반드시 이동할 필요는 없다. 수동태동사가 $Agr_{Prt}P$로 이동할 때는 화용론적인 이유 때문이다. 즉 부사를 초점화하기 위해서는 분사가 이동을 해야 하고, 분사가 초점화되면 분사는 이동하지 않고 제자리에 머문다.

다음으로 능동태에서 양태부사에 관하여 논하면서 VP 마지막 자리가 아닌 다른 자리, 즉 동사의 내재논항보다 앞에 나오는 자리를 다루었다. 이러한 경우 양태부사의 자리를 위해서 AgroP나 $Agr_{IO}P$ 위에 다른 기능범주를 설정하지 않고 설명했다. 즉 내재논항이 양태부사 뒤에 오는 것은 내재논항의 외치화 때문이 아니라, 동사의 보충어인 VP 안에서 생성되었기 때문이다. 여기서 VP는 어휘동사의 기저자리보다 아래 자리이다. VP 안에서 실현된 내재논항(즉 어휘층위 밖에서 실현된 내재논항)은 공선행사 pro에 의해서 인허되어야 한다. pro는 의미역을 할당받고 지정어-핵 일치관계에서 적절한 Agr핵에 의해서 격점검을 받아야 한다. 어휘층위 밖에서 내재논항이 실현된 것은 내재논항이 초점화되고 부사가 비초점화된 것으로 제안했다. 다시 말해서 내재논항이 초점화를 받기 위해서 오른쪽 가장자리에 와야 하는데, 이 자리에서는 격점검을 받을 수 없다. 따라서 초점화조건과 격점검을 동시에 만족시킬 수 있는 방법으로 내재논항이 VP안에서 실현되고 선행사에 의해서 인허가 된다고 제안했다.

다음으로 행동위자지향 부사, 양태부사, 완벽성정도 부사, 수단-영역부사는 vP 안에서만 일어나야 한다는 증거를 제시했다. 즉 이러한 부사들은 어휘층위를 벗어나지 않는다. *by-phrase*는 수의적으로 공동사의 보충어로 병합될 수 있는데, 이것은 분사이동연쇄의 각각의 사슬이 가지고 있는 [+PASS, +AG]자질에 의해서 인허된다. 마지막으로 하나 이상의 부사가 함께 사용되는 경우들을 μP를 네 개의 기능범주, 즉 AgentP, μP, DegPerfP, MeansP로 분리함으로써 설명했다. 이러한 부사들과 동사와 내재논항의 어순은 능동태동사와 수동태동사가 각기 다른 이동특성을 보이고 VP 안에 어휘요소들이 어떻게 실현되는가에 따라 결정된다.

3.4 완수부사

*Partially, slightly, completely, totally, utterly*는 완수부사로 완벽성정도(degree of perfection) 부사와는 다르다. 완벽성정도 부사(117)는 주어진 행위가 이루어지는 완벽정도를 나타내고, 완수부사(118)는 동사에 의해 표시된 행위에 의해서 목적어가 어느 정도 영향을 받는지를 나타낸다.

(117) a. Sir Colin Davis conducted Handel's 'Messiah' *beautifully*.
　　　 b. Madonna performed 'American Pie' *horribly*.
　　　 c. They structured the movie *perfectly*.

(118) a. The work of a damaged area of the brain is sometimes *partially* taken over by another area.

b. He squeezed it *slightly*.

c. But if you cut our alcohol *completely*, you cut out this risk.

d. Ultimately, Microsoft products will integrate your PC's desktop environment *totally* with the Internet.

e. [He] is wise enough to see that it would ruin him *utterly*.

또한 완수부사는 수동태(119, 120)에서뿐 아니라 능동태(121, 122)에서도 어휘동사 앞에 올 수도 있고 뒤에 올 수도 있다.

(119) a. It is certainly linked *partially* to poverty.

b. The gravity of this tale is tempered *slightly* by the knowledge that the man concerned was called Ted Pratt.

c. [That] risk will never be eliminated *completely*.

d. [Most] of the houses are damaged *totally*; they are burned.

e. He was defeated *utterly* by Mrs Thatcher.

(120) a. This ruin must have been *partially* rebuilt.

b. They may have been *slightly* strained by [his] remark.

c. Today, it has been *completely* restored.

d. She really was *totally* outclassed by Monica Seles.

e. The mischievous superstition attaching to the possession of it might be *utterly* crushed by this retributive consignment.

(121) a. The umbrella would open *partially* but not fully.

b. He squeezed it *slightly*.

c. Why not change your life *completely*?

d. Some often try to cut their links with the past *totally*.

e. He is wise enough to see that it would ruin him *utterly*.

(122) a. The complete sentence, which you only *partially* quoted, makes clear that.

b. The Nationwide decision will *slightly* affect the rate at the Cheltenham Gloucester.

c. Questioned by the police, he *completely* lost his head.

d. Those who assimilate must *totally* break with the past.

e. He *utterly* rejects the idea of present suffering.

반면 완수부사는 절의 굴절층위에는 나올 수 없다.

(123) a. *The car has {*partially*, *completely*, *utterly*,...} been damaged.

b. *The car will {*partially*, *completely*, *utterly*,...} be damaged.

c. *They will {*partially*, *completely*, *utterly*,...} have damaged it.

일반적으로 완수부사는 동사의 상 자질과 관련이 있다. 즉 완수부사는 동사에 표시된 행위에 의해 목적어가 영향을 받는 정도를 나타낸다.

Laenzlinger(1998)와 Cinque(1999)는 완수부사가 절의 굴절층에서 생성된다고 가정했는데, 여기서는 Aleiadou(1997)의 제안을 받아드려 어휘층위에서 생성된다고 가정하겠다. 이와 같은 가정은 완수부사는 그에 상응하는 동사의 상 자질이 있을 때만 사용된다는 사실에 기초한다. 두 개의 구조가 가능하다. (124)처럼 보충어자리거나, (125)처럼 지정어자리가 가능한 구조 이다. vP 안에서 모든 이동이 외현적이라고 가정하면, 두 개의 구조 모두 (119)와 (121)에서 부사가 동사 뒤에 나오는 것을 자동적으로 설명할 수 있다. 그러나 (120)과 (122)에서 부사가 동사 앞에 오는 경우는 설명하기 어렵고 특히 능동태에서 어휘동사가 vP의 핵으로 의무적으로 이동하기 때문에 동사 앞에 부사가 오는 것을 설명할 수 없다.

(124) [$_{vP}$ ...[$_{VP}$ [$_{DPtheme}$][$_{V'}$ [$_{V}$] [**Advcompletive**]]]]]

(125) [$_{vP}$ ...[$_{AspPcompletive}$ [**Adv**] [$_{Asp'}$ [$_{Asp}$] [$_{VP}$ [$_{V}$] [$_{DPtheme}$]]]]]

(124)는 Alexiadou(1997)에 의해서 제안되었다. Alexiadou(1997)는 (120), (122)와 같이 부사가 동사 앞에 오는 자료들을 간과하기는 했지만, 두 가지 방법으로 그의 제안을 유지할 수 있다. 첫 번째는 완수부사가 인허를 받기 위해서 굴절층에 있는 상자질과 관련이 있는 기능범주의 지정어자리로 이동한다고 가정할 수 있다(127). 혹은 (128)에서처럼 완수부사가 어휘동사 와 포합(incorporate)할 수 있다고 가정한다. (126c, d)의 문장들이 비문인 것을 보면, 두 방법 모두 완수부사가 단일요소이어야 할 것을 요구한다.

(126) a. They altered the arrangement [{very, a tad too} slightly].
   b. The arrangement has been altered [{very, a tad too} slightly].
   c. *They [{very, a tad too} slightly] altered the arrangement.

d. *The arrangement has been [{very, a tad too} slightly] altered.

(127) [$_{AspPcompletive}$ [$_{Adv}$ **Adv$_i$**] [$_{AgrP'}$ ...[$_{VP}$ ...] [$_{VP}$ [$_V$] [$_{Adv}$ **t$_i$**]]]]]

(128) [$_{VP}$ [$_{DP}$][$_{V'}$ [$_V$][...[$_{VP}$ [$_V$ [$_{Adv}$ **Adv$_i$**] [$_V$ **V**]] [$_{Adv}$ **t$_i$**]]]]]

그러나 (127)과 같은 분석은 (129)를 설명할 수 없다. (129)에서 완수부사가 내재논항들 사이에 나올 수 있기 때문에 완수부사가 어휘층위 안에 있다는 것을 암시한다.[16)]

(129) a. [Those who] commit themselves *totally* to their careers will succeed.
b. [He] decided to devote himself *completely* to healing [...]

결과적으로 (128)의 포합분석만 남게 되는데 이 분석은 능동과 수동구문에서 완수부사가 동사 앞에 오는 것을 설명할 수 있을 뿐 아니라, 동사의 내재논항들 사이에 나오는 경우도 설명할 수 있다. (125)의 지정어분석을 다시보자. 이 분석도 역시 (127)과 같은 문제에 봉착하게 된다. 즉 능동태에서 동사가 부사를 넘어서 외현적으로 이동하기 때문에 부사가 동사 앞에 오는 것을 설명할 수 없을 뿐 아니라 완수부사가 내재논항들 사이에 어떻게 올 수 있는지도 설명하기 어렵다.

따라서 부사포합이 가장 설득력이 있다. 그러나 완수부사를 구조적으로 보충어로 다루어야 하는지는 분명하지 않다. Cinque(2004)에서처럼 보충어가 지정어로 병합될 수 있다고 가정하고 단일요소가 지정어로부터 자신을 성

---

16) Alexiadou(1997)도 양태부사를 (127)과 같은 방식으로 설명했다.

분통어하는 동사의 핵으로 포합할 수 있다고 가정하면, 완수부사도 다른 vP-부사들처럼 지정어로 병합된다고 가정할 수 있다. 그렇게 보면, 부사를 보충어유형 부사와 지정어유형 부사로 인위적으로 구분하지 않아도 된다.

(130) [AgrO' [AgrO [v [Adv$_k$] [V$_i$]]] [AspPcompletive [Adv t$_k$] [Asp' [Asp t$_i$] [VP [v t$_i$] [DPtheme]]]]]

수동태에서 양태부사, 완벽성정도 부사, 수단-영역부사들은 초점화되는지의 여부에 따라 수동분사 앞에 오거나 뒤에 온다고 제안했다. 이러한 부사들이 동사 뒤에 오는 것은 동사가 μP지정어자리에 있는 부사를 넘어서 Agr$_{Prt}$자리로 이동한다고 했다. 즉 이 경우는 동사는 비초점화되고 부사가 초점화되는 것이다. 같은 방법으로 완수부사의 자리를 설명할 수 있다.

(131) a. This ruin$_i$ has been [AgrPrtP [DP t$_i$] [AgrPrt' [AgrPrt] [AspPcompl. [Adv partially] [Asp' [Asp] [VP [v **rebuilt**] [DP t$_i$]]]]]]
b. This ruin$_i$ has been [AgrPrtP [DP t$_i$] [AgrPrt' [AgrPrt **rebuilt$_k$**] [AspPcompl. [Adv partially] [Asp' [Asp] [VP [v t$_k$] [DP t$_i$]]]]]]

그런데 지금까지의 제안으로는 완수부사가 분사와 함께 다른 vP-부사 앞에 올 수는 있는데(132a, c, e), 완수부사가 혼자서 다른 vP-부사보다 앞에 올 수 없는 현상(132b, d, f)을 설명할 수 없다.

(132) a. The house was *completely* ruined *deliberately*.
b. *The house was *completely deliberately* ruined.
c. This Halloween play should be *partially* performed *horribly*.

d. *This Halloween play should be *partially horribly* performed.

e. His tongue has been *entirely* removed *manually*.

f. *His tongue has been *entirely manually* removed.

(132b, d, f)는 완수부사가 다른 vP-부사들보다 구조적으로 더 아래 자리에서 병합되어야 한다는 것을 암시한다. 따라서 (132)의 정문들을 설명하기 위해서, 완수부사는 분사가 완수부사를 성분통어할 수 있는 최소의 자리로 이동한 지점에서 부사가 분사와 포합된다고 가정한다. 새롭게 구성된 복합핵인 [v [Adv][v]]가 AgrPrtP의 핵자리로 이동하게 된다.

(133)

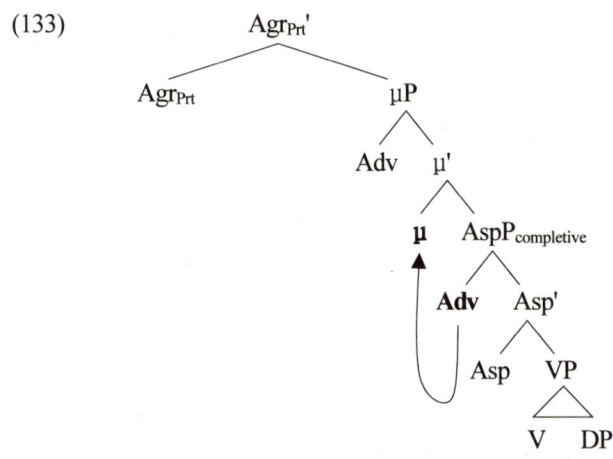

was [v **[completely]**o [ruined]]k delib. tk to tk   tk   ti

능동태도 같은 방식으로 설명할 수 있다(134). 초점화되지 않거나 통사적으로 복합적이지 않으면, 완수부사는 어휘동사와 포합하여 복합핵인 [v [Adv][v]]를 만들고, 이어서 vP의 핵으로 의무적으로 이동한다. 그런데 완수부사가 어휘동사와 분리될 수 있는 현상(135)을 설명하기 위해서 본 제안을

약간 수정할 필요가 있다. (135)는 완수부사가 내재논항 앞에 나오고, 내재
논항 앞에 동사가 오는 경우이다.

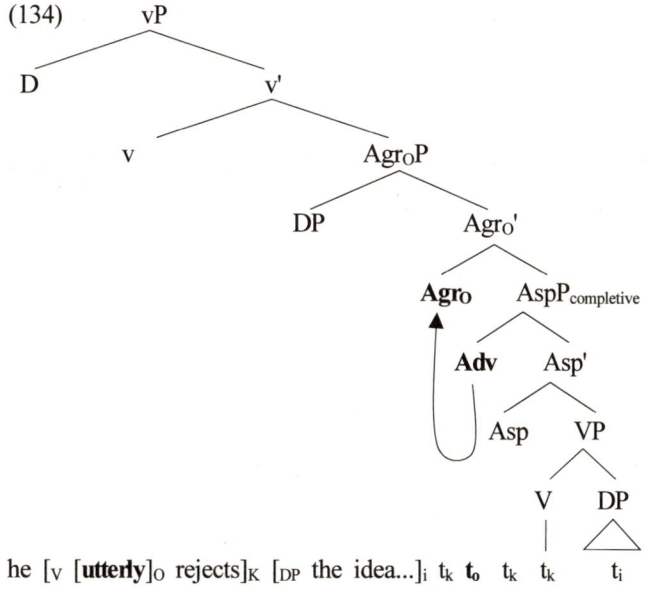

(134)

he [$_V$ [**utterly**]$_O$ rejects]$_K$ [$_{DP}$ the idea...]$_i$ t$_k$ **t$_0$** t$_k$ t$_k$ t$_i$

(135) a. But in retirement, she's devoting herself *completely* to
her other self.

b. Journalists are able to devote themselves *utterly* to the
search for information.

(135)에서 부사는 직접목적어와 간접목적어 사이에 자리한다. 이중목적
어를 가지는 vP는 Agr$_O$P와 Agr$_{IO}$P를 투사할 뿐 아니라, 상(aspect)과 관련
된 기능범주 Tel(icity)P를 투사한다. TelP지정어자리는 (135)의 DP$_{theme}$같
은, 사건의 한계를 정하는(delimit) 명사구가 이동하는 자리이다. 완수부사와
TelP 둘 다 동사의 상자질과 관련이 있으며, 또한 완수부사는 완수부사에 의

해서 영향을 받는 목적어가 있을 때만 나타날 수 있기 때문에, 완수부사가 Tel로 이동한 복합핵으로부터[v [Adv][v]] 핵분리된다고 제안한다. 즉 동사가 TelP지정어자리에 있는 명사구와 상자질을 점검한 후, 부사들은 Tel에 남게 된다(137). 다시 말해서 완수부사는 동사가 상자질을 점검한 자리에서만 [v [Adv][v]]로부터 핵분리를 할 수 있다.

(136) [v' [v devoting][TelP [DP herself]i [Tel' [Tel completely] [AgrIOP [KP to her other self] [AgrIO' ... ti   ]]]]]

(137)

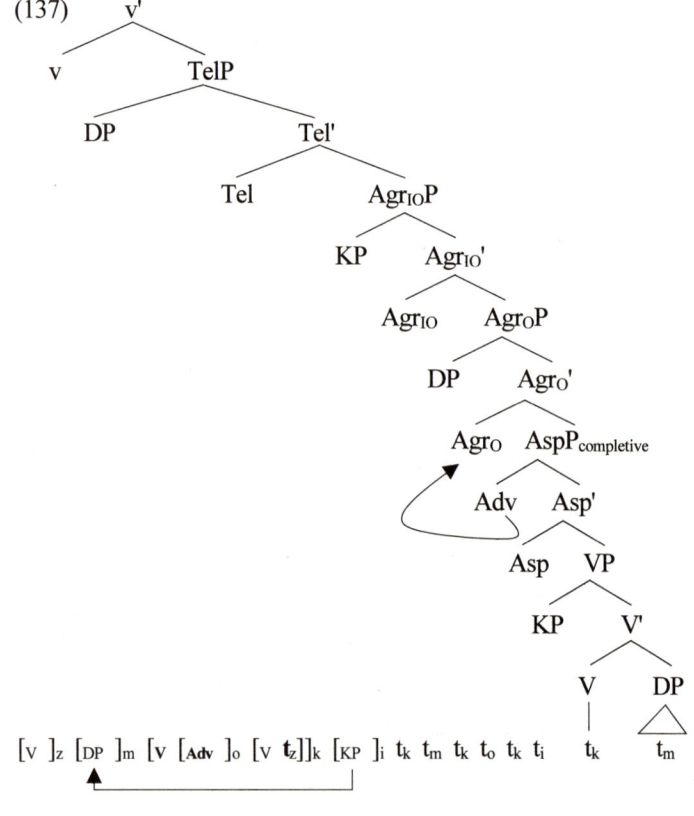

$[_V]_z [_{DP}]_m [_V [_{Adv}]_o [_V \textbf{t}_z]]_k [_{KP}]_i t_k t_m t_k t_o t_k t_i \quad t_k \qquad t_m$

3.4.1 완수부사와 다른 vP-부사의 동시발생

완수부사는 수동태의 경우 양태부사, 행위자지향 부사, 완벽성정도 부사, 수단-영역부사와 함께 나올 수 있다. 완수부사가 분사 옆에 오거나 두 부사가 모두 분사보다 앞에 오거나 분사 뒤에 오면 두 종류의 부사가 함께 사용될 수 있다. 첫 번째 경우는 (138a, b)-(141a, b) 문장이 보여주듯 두 부사의 순서가 자유롭다. 반면 두 번째 경우는 두 부사의 순서가 고정적이다. 분사보다 앞에 올 경우에는, 완수부사가 분사와 더 가까이 있어야 한다. 즉 (138c, d)-(141c, d)의 문장들이 보여주듯이 완수부사가 다른 vP-부사보다 앞에 나와야 한다. 반면 분사 뒤에 올 경우는 vP-부사가 분사와 더 가까이 있어서 완수부사보다 앞에 와야 한다.

(138) a. This image should be *slightly* blurred *tantalizingly*.

 b. The book may be *carefully* opened *partially* (ie at a fairly shallow angle) and interleaved with absorbent paper.

 c. *The layout was *slightly* (very) *carefully* changed.

 d. The nail is then *carefully partially* extracted to just above the fracture site.

 e. *This door can be opened *partly* (very) *carefully*.

 f. A poisonous thorn can be extracted *quickly* only *partly*, the last bit has to be extracted *very slowly* so that the barbed hooks do not break off.

(139) a. The house was *completely* ruined *deliberately*.

 b. The house was *deliberately* ruined *completely*.

 c. *The house was *completely intentionally* ruined.

d. The house was *intentionally completely* ruined.

e. *The house was ruined *completely deliberately*.

f. The house has been ruined *deliberately* only *slightly* so that it is still inhabitable, but enough so as for the owners to collect the insurance.

(140) a. This Halloween play should be *partially* performed *horribly*.

b. The aria was *poorly* sung *partially*.

c. *The paper has been *partially* (only) *poorly* written.81

d. This island is to be *horribly utterly* destroyed.

e. *The texts were summarized *entirely* (only) *poorly*.

f. The management said that since the opera was performed *poorly* only *partly*, they wouldn't reimburse the entrance fee.

(141) a. His tongue has been *entirely* removed *manually*.

b. His nose will be *surgically* removed (only) *partly*.

c. *His nose will be *entirely surgically* removed.[82]

d. His ears would have to be *telekinetically partly* removed.

e. *His ears can be removed *completely telekinetically*.

f. His nose could be removed *surgically* only *partly* (the rest had to be removed *telekinetically*).

위의 문장들은 본고에서 제안한 분석에 따르면 예상된 유형이다. vP-부사는 동사 앞자리에서 생성된다. (138a)-(141a)에서 vP-부사가 초점화되었기 때문에 비초점화된 복합동사[v [Adv][v]]는 vP-부사들이 있는 지정어자리를 지나서 Agr_{Prt}P의 핵자리로 이동한다. (138b)-(141b)에서는 완수부사가 초점화되기 때문에 동사와 포합하지 않고 제자리에 남는다. (138d)-(141d)는 동사가 초점화되기 때문에 완수부사가 동사로 포합되고, 새롭게 만들어진 복합동사 [[v [Adv][v]]가 제자리에 머문다. (138c)-(141c)의 비문은 외현적 이동의 결과라고 볼 수 없다. vP-부사>분사>완수부사의 기저어순으로부터 (c)문장들을 도출하기 위해서 완수부사는 독자적으로 Agr_{Prt}로 이동을 해야만 할 것이다. 그런데 이와 같은 이동은 범주동일조건(Category Identity)과 핵이동조건에 따르면 불가능하다. vP-부사>분사>완수부사의 기저순서로부터 (138e)-(141e)를 도출하기 위해서, 동사와 포합하지 않은 완수부사 보충어인 V'([v [v][Adv]])가 Agr_{Prt}로 이동하는 것을 허용해야만 할 것이다. 그런데 이와 같은 이동은 연쇄동일조건(Uniformity Condition on Chains)에 의해서 불가능하다. (138f)-(141f)는 예상된 결과이다. 왜냐하면 완수부사는 초점화되면 포합하지 않기 때문이다. 동사 혼자서 vP-부사를 넘어서 Agr_{Prt}로 이동을 하기 때문에 완수부사는 제자리에 남게 된다. 그러나 한 가지 주의할 것은 위와 같은 유형들이 의미/화용론적 요소에 의해서 영향을 받는다는 것이다. 예를 들면 모든 완수부사가 예상된 결과를 보이는 것은 아니다.[17)]

(142) a. *The thorn must be extracted *quickly* {totally/slightly}.

　　 b. *The house was ruined *deliberately* {utterly/entirely}.

　　 c. *The aria was sung *poorly* {entirely/half}.

[17)] *only*와 같은 강조 첨사(particle)를 첨가하면 완수부사를 통사적으로 더 중량이 나가게 만들어 줄뿐 아니라, 완수부사가 대조를 이룰 수 있는 다른 선택들이 있음을 보장한다. 그러나 이러한 의미/화용론적 제한이 본고에서 제안한 통사적 분석에 문제가 되지는 않는다.

d. *His tongue could be removed *manually* {entirely/ utterly}.

앞에서 언급했듯이 vP-부사는 능동태동사 앞에 나오지 못한다. 따라서 완수부사가 vP-부사와 함께 사용된다면 완수부사만 동사 앞에 올 수 있다는 사실은 예상된 것이다(143a-145a). 만약 완수부사와 vP-부사 모두 동사 뒤에 오면, 두 부사는 서로 먼저 나올 수 있다(143b, c-145b, c).

(143) a. You will *partially* look *carefully* for your health.
    b. It even bypass them *entirely quite easily*.
    c. I was able with a lot of patience to separate the external plastic sheet very *carefully partially*.

(144) a. You only *partially* quoted the passage *correctly*.
    b. They sung the aria *partially* (quite) *poorly*.
    c. You quoted this passage *correctly* (only) *partially*.

(145) a. Martians *partly* removed his nose *surgically*.
    b. The Martian doc. removed his nose *partly telekinetically*.
    c. Even the Martian doctor could remove his nose *surgically only partially*, the rest had to be removed telekinetically.

위와 같은 결과도 예상된 것이다. (143a)-(145a)은 (146)의 기저구조에서 완수부사가 동사와 포합되고 이어서 복합동사가 동사 앞에 있는 부사를 넘어서 v로 이동하여 도출된 것이다.

(146) 양태부사

　　　완벽성정도 부사　　> 분사 > 완수부사

　　　수단-영역부사

　(143b)-(145b)는 완수부사가 동사로 포함되고, 복합동사 [v [v][Adv]]가 상자질을 가진 Tel로 이동하고, Tel에서 동사가 핵분리를 하여 v로 이동하여 도출된 것이다. (143c)-(145c)는 동사만 vP-부사와 AgroP지정어 자리에 있는 내재논항을 넘어 v자리로 이동하여 도출된 문장들이다.

3.4.2 요약

　완수부사는 구조적으로 V의 보충어인데, 초점화가 이루어지는지 아닌지에 따라 어휘동사 뒤에 올 수도 있고 동사 앞에 올 수도 있다고 주장했다. 완수부사>동사의 어순은 부사가 동사로 포함하여 생긴 결과이다. 수동태에서 완수부사가 동사 뒤에 오는 것은 포함이 일어나지 않은 경우이다. 능동태에서 완수부사가 동사 뒤에 오는 것은 두 경우이다. 완수부사가 동사나 내재논항의 오른쪽 바로 옆에 오는 것이다. 전자의 경우는 부사가 기저자리에 있는 것이고, 후자의 경우는 동사가 핵분리를 했기 때문에 Tel/Agro에 좌초된 것이다. 완수부사와 vP-부사가 함께 나타날 수 있는 조건들도 본고에서 제안한 분석으로 설명할 수 있음을 보여주었다.

Alexiadou, A. 1997. *Adverb Placement: A Case Study in Antisymmetric Syntax.* Amsterdam: John Benjamins.

Abney, S. P. 1987. *The English Noun Phrase in Its Sentential Aspects.* PhD Dissertation, MIT.

Aoun, K & Y. Li. 1989. Scope and Constituency. *Linguistic Inquiry 20(3).*

Authier, J.-M. 1991. V'-governed Expletives, Case Theory and the Projection Principle. *Linguistic Inquiry 22(4).*

Baker, M. 1988. Incorporation. *A theory of Grammatical Function Changing.* Chicago: The University of Chicago Press.

Baker, M. 1996. On the Structural Positions of Themes and Goals. In *Phrase Structure and the Lexicon*, J. Rooryck & L. Zaring(eds.). Dordrecht: Kluwer.

Barss, A. & H. Lasnik 1986. A Note on Anaphora and Double Objects. *Linguistic Inquiry 17.*

Belletti, A. 1998. Agreement Projections. In *The Handbook of Syntactic Theory,* M. Baltin & C. Collin(eds.) Oxford: Blackwell.

Belletti, A. 2001. (Past) Participle Agreement. ms. University of Siena.

Bittner, M. & K. Pittner 1996. The Structural Determination and of Case and Agreement. *Linguistic Inquiry* 27(1).

Bowers, J. 1975. Adjectives and Adverbs in English. *Foundations of Language 13(1).*

Bowers, J. 1993. The Syntax of Predication. *Linguistic Inquiry 24(4).*

Bresnan, J. 1973. Syntax of the Comparative Clause Constructions in English. *Linguistic Inquiry 4(3).*

Caponigro, I. & C. Schutze 2003. Parameterizing Passive Particple Movement. *Linguistic Inquiry 34(2).*

Chomsky, N. 1981. *Lectures on Government and Binding.* Berlin: Mouton de

Gruyter.

Chomsky, N. 1995. *The Minimalist Program*. Cambridge. MA: The MIT press.

Chomsky, N. 1986a. Knowledge of Language. *Its Nature, Origin, and Use*. New York: Praeger.

Chomsky, N. 1986b. *Barriers*. Cambridge, MA: The MIT Press.

Chomsky, N. 1989. A Generalization of X-bar Theory. In *Studia Linguistica et Orientalia Memoriae Haim Blanc Dedicata*, Wexler, P., A. Borg & S. Somekh(eds.). Wiesbaden: Otto Harrassowitz.

Chomsky, N. 1998. Minimalist Inquiries: The Framework. ms. MIT.

Cinque, G. 1999. Adverbs and Functional Heads. *A Cross-Linguistic Perspective*. Oxford: Oxford University Press.

Cinque, G. 2004. Issues in Adverbial Syntax. In *Taking up the Gauntlet: Adverbs across Frameworks*, A. Alexiadou(ed.).

Corver, N. 1991. Evidence for DegP. *Proceedings of Proceedings of the North East Linguistic Society 21*.

Corver, N. 1997. Much-support as a Last Resort. *Linguistic Inquiry 28(1)*.

Delfitto, D. 2000. Adverbs and the Syntax/Semantics Interface. *Rivista Di Linguistica 12(1)*.

Eckardt, R. 1998. *Adverbs, Events, and Other Things*. Tübingen: Niemeyer.

Emonds, J. 1987a. The Invisible Category Principle. *Linguistic Inquiry 18(4)*.

Emonds, J. 1987b. Parts of Speech in Generative Grammar. *Linguistics Analysis 17(1)*.

Ernst, T. 1984. Towards an Integrated Theory of Adverb Position in English. Ph. D Dissertation. University of Bloomington. Indiana.

Ernst, T. 2000. On the Order of Event-internal Adjunct. In *Adverbs and Adjunction*, A. Alexiadou & P. Svenonius(eds.). Potsdam: Universität Potsdam.

Ernst, T. 2002. *The Syntax of Adjuncts*. Cambridge: Cambridge University Press.

Ernst, T. 2004a. Principles of Adverbial Distribution in the Lower Clause. In

Adverbs and Adjunction, A. Alexiadou & P. Svenonius(eds.). Potsdam: Universität Potsdam.

Ernst, T. 2004b. Domain Adverbs and the Syntax of Adjuncts. In Adverbials. *The Interplay between Meaning, Context and Syntactic Structure,* J.R. Austin, St. Engelberg & G. Rauh(eds.), 103-29. Amsterdam: Benjamins.

Frey, W. 2000. Syntactic Requirement on Adjuncts. In *Approaching the Grammar of Adjuncts,* C. Fabricius-Hansen, E. Lang & C. Maienborn(eds.) Berlin: ZAS.

Frey, W. & K. Pittner 1998. Zur Positionierung der Adverbiale im Deutschen Mittelfeld. *Linguistische Berichte.*

Frey, W. & K. Pittner 1999. Adverbialpositionen im Deutsch-englischen Verglerich. In *Sprachspezifische Aspekte der Informationsverteilung,* M. Doherty(ed.). Berlin: Akadimie Verlag.

Fries, C. C. 1952. The Structure of English. *An Introduction to the Construction of English Sentences.* New York & Burlingame: Harcourt, Brace & World, Inc.

Gleason, H. A. 1955. *Introduction to Descriptive Linguistics.* New York: Holt, Rinehart & Winston.

Grimshaw, J. & J. Bresnan. 1978. The Syntax of Free Relatives in English. *Linguistic Inquiry 9(3).*

Haider, H. 2000. Adverb Placement – Convergence of Structure and Licensing. *Theoretical Linguistics 26(1/2).*

Haider, H. 2004. Pre- and Postverbal Adverbials in OV and VO. In *Taking up the Gauntlet: Adverbs across Frameworks,* A Alexiadou(ed.).

Haumann, D. 2004. Degree Phrases Versus Quantifier Phrases in Prenominal and Preverbal Positions:A Hybrid Explanation for some Distributional Asymmetries. In *Adverbials. The Interplay between Meaning, Context, and Syntactic Structure,* J.R. Austin, S. Engelberg & G. Rauh(eds.). Amsterdam: Benjamins.

Haumann, D. 2007. *Adverb Licensing and Clause Structure in English.* John

Benjamins Publishing.

Jackendoff, R. 1972. *Semantic Interpretation in Generative Grammar.* Cambridge, MA: The MIT press.

Jackendoff, R. 1977. X'-Syntax: *A Study of Phrase Structure.* Cambridge, MA: The MIT press.

Johnson, K. 1991. Object Positions. *Natural Language and Linguistic Theory 9(4).*

Kayne 1984a. *Connectedness and Binary Branching.* Dordrecht: Foris.

Kayne, R. 1989. Facets of Past Participle Agreement. In *Dialect Variation in the Theory of Grammar,* P. Benica(ed.). Dordrecht: Foris.

Kayne, R. 1994. *The Antisymmetry of Syntax.* Cambridge, MA: The MIT Press.

Kitagawa, Y. 1994. Shells, Yolks and Scrambled. *Proceedings of the North East Linguistic Society 24.*

Koisumi, M. 1993. Object Agreement Phrases and the Split VP Hypothesis. In *Papers on Case and Agreement,* C. Philips & J. Bobaljik(eds.). *MIT Working Papers on Linguistics.*

Laenzlinger, C. 1996. Adverb Syntax and Phrase Structure. In *Configurations: Essays on Structure and Interpretation,* A.-M. Di Sciullo(ed.). Somerville: Cascadilla Press.

Laenzlinger, C. 1998. Comparative Studies in Word Order Variation. *Adverbs, Pronouns, and Clause Structure in Romance and Germanic.* Amsterdam: Benjamins.

Larson, R. 1987. Missing Prepositions and the Analysis of English Free Relative Clauses. *Linguistic Inquiry 18(2).*

Larson, R. 1989. Light Predicate Raising. *Lexicon Project Working Papers 27.* Cambridge, MA: MIT.

Larson, R. 1985. Bare-NP Adverbs. *Linguistic Inquiry 16(4).*

Larson, R. 1988. On the Double Object Construction. *Linguistic Inquiry 19(3).*

Larson, R. 1990. Double Object Revisited:Reply to Jackendoff. *Linguistic Inquiry 21(4).*

Lasnik, H. 1995. Last Resort and ATTRACT F. *Proceedings of the Sixth Annual Meeting of the Formal Linguistics Society of Mid-America.*

Lasnik, H. 1999a. *Minimalist Analysis.* Oxford: Blackwell.

Lasnik, H. 1999b. On Feature Strength. *Linguistic Inquiry 30(2).*

Lasnik, H. 2002. Feature Movement or Agreement at a Distance? In *Dimensions of Movement,* A. Alexiadou, E. Anagnostopoulow & S. Barbiers(eds.). Amsterdam: Benjamins.

McCawley, J. D. 1983. The Syntax of Some English Adverbs. In *Papers from the Nineteenth Regional Meeting of the Chicago Linguistic Society,* A. Chukerman, M. Marks & J. Richardson(eds.). Chicago: Chicago Linguistic Society.

McConnell-Ginet 1982. Adverbs & Logical Form. *Language 58(1).*

Mulder, R. 1992. *The Aspectual Nature of Syntactic Complementation.* Amsterdam: Holland Academic Graphics.

Newmeyer, F. J. 2000. The Discrete Nature of Syntactic Categories: Against a Prototype-based Account. In *The Nature and Function of Syntactic Categories.* R. Borsley(ed.) London: Academic Press.

Pittner, K. 1999. *Adverbiale im Deutschen. Untersuchungen zu ihrer Stellung und Interpretation.* Tübingen: Narr.

Pittner, K. 2000a. Verschiedene Arten der Art und Weise. *Zu ihrer Positionierung im Deutschen und Englischen.* Linguistik Online *6(2)* At http://www.linguistik-online.de/2_00/pittner.html

Pittner, K. 2000b. Position and Interpretation of Adjuncts:Process, Event and Wieder 'Again'. In *Approaching the Grammar of Adjuncts,* C. Fabricius-Hansen, E. Lang & C. Maienborn(eds.). Berlin: ZAS.

Pittner, K. 2001. Between Inflection and Derivation: Adverbial Suffixes in English and German. Paper presented at *12th* Wuppertaler Linguistisches Kolloquium.

Pittner, K. 2004. Where Syntax and Semantics Meet: Adverbial Positions in the German Middle Field. In *Adverbials. The Interplay between Meaning,*

Context and Syntactic Structure. J.R. Austin, St. Engelberg & G. Rauch(eds.). Amsterdam: Benjamins.

Postal, P. 1974. On Raising:*One Rule of English Grammar and Its Traditional Implications.* Cambridge, MA: The MIT Press.

Priestly, J. 1761. Rudiments of English Grammar. In *1967-69 English Linguistics*, R.C. Alston(ed.). Menston: Scolar Press.

Radford, A. 1988. *Transformational Grammar.* Cambridge: Cambridge University Press.

Radford, A. 1997. Syntactic Theory and the Structure of English. *A Minimalist Approach.* Cambridge: Cambridge University Press.

Rauh, G. 1996. Zur Struktur von Präpositionalphrasen im Englischen. *Zeitschrift für Sprachwissenschaft 15(2).*

Rauh, G. 1997a. Englische Präpositionen im Englischen. *Indogermanische Forschungen 98.*

Rauh, G. 1997b. Lokale Präpositionen zwischen Lexikalischen and Funktionalen Kategorien. In *Lexikalische Kategorien und Merkmale,* E. Löbel & G. Rauh (eds.). Tübingen: Niemeyer.

Rauh, G. 1999. Adverb Oder Präposition? Von Der Notwendigkeit Einer Abgren-zung Von Wortarten und Grammatischen Kategorien und Der Gefahr Einer Terminologischen Falle. In *Florilegium. Festchrift fur Wolfgang P. Shcmid-zum 70. Geburtstag*, E. Eggers, J. Becker, J. Udolph & D. Weber(eds.). Frankfurt/Main: Peter Lang.

Rauh, G. 2000a. Don't Call it "X" or: Why X does not Represent Grammatical Categories. In *Verbal Projections,* H. Janssen(ed.). Tübingen: Niemeyer.

Rauh, G. 2000b. Wi(e)der Die Wortarten! Zum Problem Linguistischer Katego -risierung. *Linguistische Berichte 184.*

Rauh, G. 2002a. Word Classes as Prototypical Categories. In *Language: Context and Cognition(Papers in Honour of Wolf-Dietrich Bald's 60th Birthday)*, S. Scholz, M. Klages, E. Hantson & U. Romer(eds.). Tübingen: Niemeyer.

Rauh, G. 2002b. Prepositions, Features and Projections. In *Perspectives on Prepositions*, H. Cuyckens & G. Radden(eds.). Tübingen: Niemeyer.

Rizzi, L. 1990. *Relativized Minimality*. Cambridge, MA: The MIT Press.

Rizzi, L. 1997. The Fine Structure of the Left Periphery. In *Elements of Grammar*, L. Haegeman(ed.). Dordrecht: Kluwer.

Roberts 1987. Representation of Implicit and Dethematized Subjects, Dordrecht: Foris.

Rothstein 1985. The Syntactic Forms of Predication. PhD Dissertation, MIT.

Sato, H. 1995. Subevent Temporal Arguments and Inner AspP:An Analysis of Double Object, Verb-particle Constructions and the Distribution of Manner Adverbs. *Working Papers in Linguistics-University of Washington 12*.

Smith, N. 2001. Ellipsis Happens, and Deletion is How. *University of Maryland Working Papers in Linguistics 11*.

Sportiche, D. 1988. A Theory of Floating Quantifiers and Its Corollaries for Constituent Structure. *Linguistic Inquiry 19(3)*.

Stowell, T. 1981. Origins of Phrase Structure. PhD Dissertation. MIT.

Sweet, H. 1891. *A New English Grammar. Logical and Historical Part I*. Oxford: Clarendon Press.

Tancredi, C. 1992. Deletion and Logical Form. PhD Dissertation, MIT.

Travis, L. 1988. The Syntax of Adverbs. *McGill Working Papers in Linguistics Special Issue on Comparative Germanic Syntax*.

Williams, E. 1984. Grammatical Relations. *Linguistic Inquiry 15(4)*.

Zubizarreta, M. L. 1982. *On the Relationship of the Lexicon to Syntax*. PhD Dissertation, MIT.

Zubizarreta, M. L. 1988. *Prosody, Focus, and Word Order*. Cambridge, MA: The MIT Press.

최숙희
한국외국어대학교 영어과 졸업
한국외국어대학교 대학원 영어학 석사
한국외국어대학교 대학원 영어학 박사
현재 한국과학기술원 인문사회과학과 교수
shchoe03@kaist.ac.kr

박연미
이화여자대학교 영어영문학과 졸업
University of Michigan-Ann Arbor 언어학 석사
University of Wisconsin-Madison 언어학 박사
현재 한경대학교 인문사회과학대학 영어학과 교수
ympark@hkun.ac.kr

서수현
서울대학교 영어교육과 졸업
서울대학교 대학원 영어영문학과 문학 석사
서울대학교 대학원 영어영문학과 문학 박사
현재 공주교육대학교 영어교육과 교수
ssh@gjue.ac.kr

최소주의에서의 부사 인허조건

최숙희 · 박연미 · 서수현

발행일	2010. 8. 15
펴낸곳	도서출판 동인
펴낸이	이성모
주 소	서울시 종로구 명륜동 아남주상복합빌딩 118호
전 화	(02)765-7145, 55
팩 스	(02)765-7165
HomePage	www.donginbook.co.kr
E-mail	dongin60@chol.com

등록번호	제 1-1599호
ISBN	978-89-5506-452-0
정 가	10,000원

※ 잘못 만들어진 책은 바꾸어 드립니다.